CONFLITOS no casamento

Se não há como evitá-los, cresça com eles

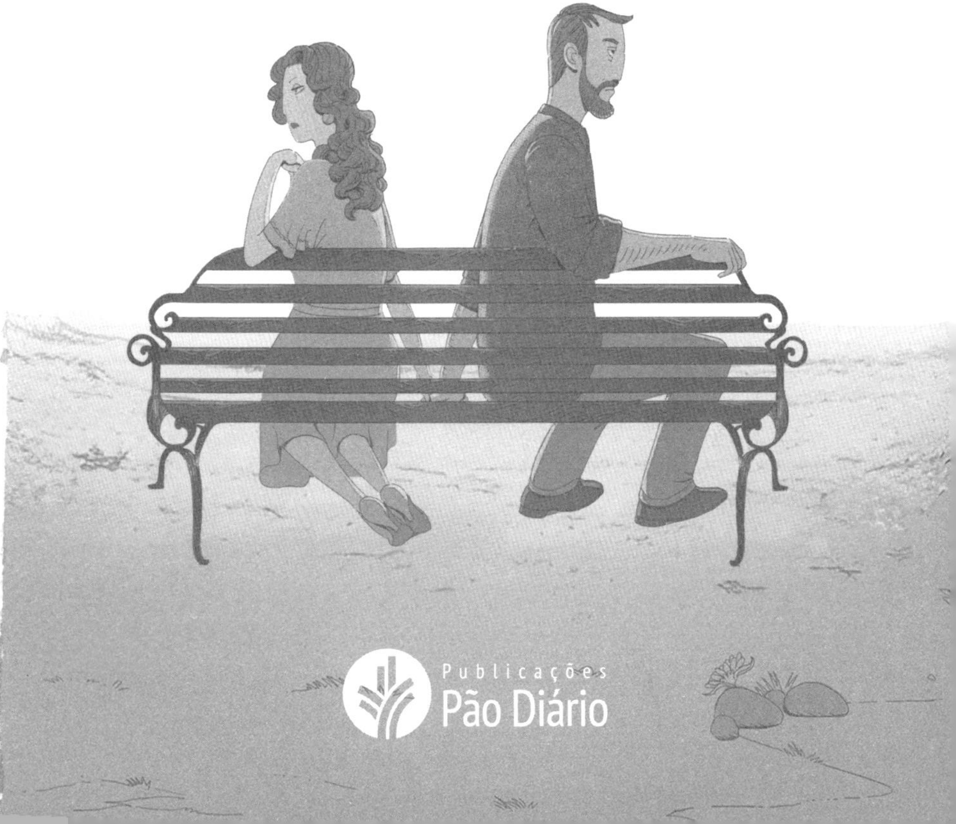

Publicações Pão Diário

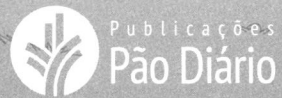

CONFLITOS
no casamento

Se não há como evitá-los,
cresça com eles

Mauro Clark

Conflitos no casamento
Se não há como evitá-los, cresça com eles
por Mauro Clark
© Publicações Pão Diário, 2024
Todos os direitos reservados.

Coordenação editorial: Adolfo A. Hickmann
Preparação do texto e revisão: João Ricardo Morais, Lozane Winter
Coordenação gráfica: Audrey Novac Ribeiro
Projeto gráfico: Rebeka Werner
Ilustração da capa: Gabriel Ruiz Araújo

Dados Internacionais de Catalogação na Publicação (CIP)

CLARK, Mauro
Conflitos no casamento — Se não há como evitá-los, cresça com eles
Curitiba/PR, Publicações Pão Diário

1. Vida cristã   2. Família   3. Casamento   4. Relacionamento conjugal

---

Proibida a reprodução total ou parcial sem prévia autorização por escrito da editora.
Todos os direitos reservados e protegidos pela Lei 9.610, de 19/02/1998.
Permissão para reprodução: permissao@paodiario.org

Exceto quando indicado o contrário, os trechos bíblicos mencionados são da edição Revista e Atualizada de João F. de Almeida © 2009 Sociedade Bíblica do Brasil.

Publicações Pão Diário
Caixa Postal 9740
82620-981 Curitiba/PR, Brasil
publicacoes@paodiario.org
www.publicacoespaodiario.com.br
Telefone: (41) 3257-4028

FS845 • ISBN: 978-65-5350-481-3

1.ª edição: 2024

Impresso no Brasil

Sumário

Introdução 7

1. Conflito conjugal: é possível evitar? 11

2. Bom de briga 29

3. Crescendo com os conflitos 57

4. Evitando as brigas 75

Conclusão 91

Introdução

Enquanto produzia este livro, cheguei a dizer para algumas pessoas o assunto sobre o qual estava escrevendo. A reação era sempre do tipo "Ah, que legal, tema bem interessante!"; "Usar as brigas para melhorar o casamento, como pode?"; "Puxa, já estou curioso para ler".

As pessoas ficam admiradas com a possibilidade de se transformar o que é ruim em algo bom. É que, à primeira vista, isso parece ser contrário à lógica. Afinal, se é mal, é mal; se é bem, é bem. Correto? Nem tanto.

Quando o pecado entrou no mundo, contaminou o que o Criador declarara "bom" e "muito bom", causando uma coexistência estranha entre bem e mal. Olhando para a frente, um dia Cristo voltará, Deus julgará todas os seres humanos, destruirá terra e céus atuais, criará novo céu, nova terra e a cidade de Nova Jerusalém, onde estará para sempre com os seus santos e eleitos. Naquela espetacular cidade, sim, o que é bom será bom e o que é mau... o que é mau não mais existirá! Satanás, seus anjos malignos e todos os seres humanos que foram rebeldes a Deus nesta vida estarão no lago de fogo eterno, punidos pelo justo Juiz. Ali, sob a poderosa mão do Deus vingador, o mal estará concentrado, isolado e inativo. Terá perdido totalmente o poder de contaminação. Finalmente, separação total entre bem e mal!

Enquanto isso, aqui na Terra, *em essência*, o mal continua sendo mal e bem continua sendo bem. Só que eles estão medonhamente entrelaçados. Tão amalgamados que viver neste mundo inclui o convívio intenso com o mal, presente em todos os lugares: nos corações — nosso e dos outros —, nas intenções, nas práticas, nos relacionamentos.

Nessa sofrida convivência, quem é sensato se concentrará em não praticar o mal e aprender a se defender dele. Porém, existe ainda um outro sábio recurso — desafiador e empolgante: *manipular* o mal. É como enganar o mal forçando-o sutilmente a transformar-se em bem! É desafiador porque é muito difícil. E empolgante, porque o resultado é espetacular, quase mágico: o que tinha tudo para nos causar dano, de repente, *voilà*, transforma-se em lucro!

Como o ser humano é muito oprimido pelo mal, essa é uma arte que poucos dominam. Talvez, por isso mesmo, existam tantos livros, cursos, palestras que incentivam os ouvintes a lidarem melhor com os males da vida, numa filosofia expressa em ditados como: "Do limão, aprenda a fazer uma limonada".

Interessante é que a própria Palavra de Deus claramente endossa o esforço de quem deseja diminuir o prejuízo de um mal extraindo dele algum bem. A propósito, poderíamos ser ainda mais incisivos e dizer que agrada a Deus o exercício contínuo de produzir o bem a partir do mal. Entre muitíssimas passagens, destacamos estas como exemplo:

Se o que te aborrece tiver fome, dá-lhe pão para comer; se tiver sede, dá-lhe água para beber. Provérbios 25:21

Eu, porém, vos digo: amai os vossos inimigos e orai pelos que vos perseguem. Mateus 5:44

Vence o mal com o bem. Romanos 12:21

Pelo que sinto prazer nas fraquezas, nas injúrias, nas necessidades, nas perseguições, nas angústias, por amor de Cristo. Porque, quando sou fraco, então, é que sou forte. 2 Coríntios 12:10

E eles [os apóstolos] se retiraram do Sinédrio regozijando-se por terem sido considerados dignos de sofrer afrontas por esse Nome. Atos 5:41

Quando somos injuriados, bendizemos; quando perseguidos, suportamos. 1 Coríntios 4:12

Consideramos até aqui o mal de maneira geral. Destaco agora, em particular, um com alto poder destrutivo: briga. É sobre ele que vamos tratar ao longo destas páginas. Aliás, seremos ainda mais específicos: briga *entre casais*.

Sim, casamento é (e se o seu não é, deveria ser!) um relacionamento maravilhoso. Quer dizer... "maravilhoso" não no sentido pleno, mas pelo menos até ao ponto aonde pode chegar um relacionamento entre dois pecadores. Mesmo assim, insisto, o matrimônio é para ser muito gostoso, agradável e fonte de boa dose de felicidade terrena. Afinal, é uma instituição do próprio Deus.

Ocorre que, como tudo neste mundo, o casamento tem problemas. E, entre as dificuldades, talvez a campeã seja... a briga. É ruim, é amarga, é indesejada. E, quando ela chega, é hora de resistir e não ceder à falsa impressão de que é impossível produzir o bem a partir do mal. Ao contrário, é possível, sim, lucrar com aquela briga. É hora de fazer uma limonada! E, muito mais significativo do que isso, é hora de aplicar as diretrizes bíblicas que apontam nessa direção.

É com muita alegria que venho colocar este pequeno trabalho nas mãos de maridos e esposas que sofrem com a presença de brigas. Confiando em Deus, oro para que a leitura e as consequentes reflexões produzam no casal um aumento de sabedoria e poder espiritual na condução delas.

Conforme falarei adiante, não sou nenhum gênio em ter juntado todo este material e colecionado estes conselhos. Com 47 anos de casado, seria inevitável que eu tivesse de amargar muitas brigas com a Sandra. Aprendi "na marra", errando (muito) e acertando (pouco), mas sempre procurando melhorar o nosso casamento.

Pela graça de Deus, nossas brigas nunca chegaram nem perto de nos levar a considerar uma separação. Nesse sentido, eram brigas leves, circunstanciais, passageiras. E, sim, mesmo sendo um casamento muito feliz, certamente poderia ter sido e ainda continuar sendo melhor ainda, se as brigas não existissem. No entanto, a inexistência de briga é algo teórico para qualquer casal, conforme falarei adiante. E, uma vez que vieram, só resta a mim esperar que eu tenha tido a misericórdia de Deus em ter utilizado, pelo menos algumas delas, para o bem do nosso casamento.

Que Deus nos abençoe!
Mauro Clark

1

Conflito conjugal: é possível evitar?

O pecado entra no mundo

Quando se dirigiu ao Pai celestial na chamada oração sacerdotal, Jesus se referiu por duas vezes a uma época muitíssimo especial para Ele:

> *Eu te glorifiquei na terra, consumando a obra que me confiaste para fazer; e, agora, glorifica-me, ó Pai, contigo mesmo, com a glória que eu tive junto de ti, antes que houvesse mundo.* João 17:4-5

Mais à frente:

> *Pai, a minha vontade é que onde eu estou, estejam também comigo os que me deste, para que vejam a minha glória que me conferiste, porque me amaste antes da fundação do mundo.* João 17:24

A época em questão era o infinito período em que o Deus Trino existia antes de haver criado qualquer coisa. Pai, Filho e Espírito Santo se deliciavam na companhia mútua. Uma companhia caracterizada pela glória que cada um possuía diante do outro e pelo exercício de um amor recíproco, puro e sublime, além da nossa compreensão.

No túmulo de Lázaro, Jesus agradece ao Pai por tê-lo ouvido quanto ao estupendo ato que realizaria dali a poucos instantes: ressuscitar o amigo que morrera há três dias. E confirma que o Pai *sempre* o ouve (veja João 11:41-42).

É, novamente da própria boca de Cristo, um tipo de personificação da sabedoria, que ouvimos da maravilha que sempre foi o relacionamento entre Ele e o Senhor, no caso, o Pai. E diz poeticamente:

...eu estava com ele e era seu arquiteto, dia após dia, eu era as suas delícias, folgando perante ele em todo o tempo. Provérbios 8:30

Com essas revelações feitas pela própria Segunda Pessoa, não precisamos depender de especulações, mas podemos falar seguramente da total harmonia presente no cerne da Trindade. Não há espaço para discussões e desavenças.

Deus cria o Universo, culminando com a sua obra-prima, o homem, feito à Sua imagem e semelhança. Certo dia, despertado de profundo sono, Adão exulta ao descobrir que, ao seu lado, estava finalmente uma companheira que viera de seus próprios ossos e carne. Sem pecado algum e com as bênçãos do próprio Deus, o casal se une como uma só carne, se une numa relação perfeita entre homem e mulher.

Muito mais do que apenas na relação a dois, a harmonia envolvia todas as esferas do relacionamento de Adão e Eva. Ambos conviviam em paz com o próprio Deus, com quem usufruíam de plena comunhão no Jardim do Éden.

Até com a natureza havia um clima de serena convivência. Deus dera a Adão o domínio sobre os animais, e estes lhe obedeciam mansamente. Quando colhia uma erva para comerem, Eva não precisava temer que lhes fizesse mal. Tudo funcionava magnificamente.

O feliz casal não sabia o que era hostilidade, agressão, luta, briga. Até que chega o dia fatídico! Adão e Eva não se conformam em se manter no limite imposto por Deus, desejam ter também um conhecimento divino, ambicionam o proibido, deixam-se seduzir pela demoníaca serpente e desobedecem. Resumindo em apenas uma palavra: pecam.

Não um ato isolado de infração ou uma falha circunstancial resolvida com uma pequena punição divina. No bojo da atitude de Adão, o cabeça da raça humana, Deus declara a entrada do pecado no mundo.

As consequências

No simples comer daquele fruto proibido, Adão e Eva adquirem para si mesmos e para toda a humanidade uma funesta condição que duraria enquanto houvesse gente sobre a terra: a natureza pecadora.

A partir daquele instante, cada pessoa nasceria corrompida, sem qualquer partícula do seu ser que escapasse da contaminação do que é maligno e, portanto, desagradável a Deus.

Imediatamente após o pecado do casal, Deus amaldiçoa o homem, a mulher, o mundo, a natureza, a Criação inteira. A antiga harmonia se despedaça. Deus expulsa Adão e Eva do Jardim, se afasta e não se digna mais ter aquela íntima comunhão espiritual que antes gozava com os dois. E assim seria com os descendentes deles. A relação entre o casal é duramente afetada. O próprio Deus declara que o desejo da mulher seria subordinado ao marido e este a governaria (veja Gênesis 3:16). A natureza é atingida em cheio, passando a sofrer de grande desequilíbrio e tornando-se agressiva aos homens. O equilíbrio é desfeito em todos os níveis.

Em termos teológicos, "homem natural" é a expressão que se refere a esse estado no qual todo ser humano nasce — pecador, espiritualmente perdido e cortado do relacionamento com Deus.

Briga

Dos quase oito bilhões de pessoas que vivem no mundo hoje, escolha-se aleatoriamente duas delas. Não importa a nacionalidade, a cor, o sexo, a educação ou a condição financeira. Com probabilidade de 100% de acerto, pode-se afirmar que, em maior ou menor grau, ambas trazem dentro de si egoísmo, idolatria, orgulho, ambição, amor às coisas terrenas, inveja, imoralidade, arrogância, crueldade, ódio — a lista continua e é tristemente longa.

Essa estatística tão radical não é pessimismo e muito menos uma forma exagerada de ver as coisas. É a própria Bíblia que afirma:

Que se conclui? Temos nós qualquer vantagem? Não, de forma nenhuma; pois já temos demonstrado que todos, tanto judeus como gregos, estão debaixo do pecado; como está escrito: Não há justo, nem um sequer, não há quem entenda, não há quem busque a Deus; todos se extraviaram, à uma se fizeram inúteis; não há quem faça o bem, não há nem um sequer.
Romanos 3:9-12

Agora, caso se coloquem essas duas pessoas para lidar uma com a outra, o resultado será, no mínimo, algumas tensões no relacionamento. E, no máximo, socos, faca, bala.

Não há outra conclusão: brigas, lutas, guerras são consequências naturais de um ambiente totalmente impregnado por seres pecadores.

Onde há luta, há pecado

Mas não se pode dizer que qualquer tipo de luta é sempre resultado de ação pecaminosa. Há um outro motivo pelo qual os homens se dispõem a lutar: o desejo de ver as coisas funcionando de maneira correta, digna, decente.

A razão disso é que o homem natural não tem *apenas* pecado dentro de si. Ele ainda traz algo da imagem e semelhança de Deus. Foi exatamente esse especialíssimo privilégio concedido por Deus a Adão e Eva — e, por consequência, a todos os seres humanos —, que os elevaram acima de todas as outras criaturas, incluindo os próprios anjos! E essa bendita condição, pelo menos no seu estado mais intrínseco e essencial, não foi tirada quando toda a raça submergiu nas trevas.

Falando do perigo e das incoerências da língua, Tiago disse, em sua epístola:

Com ela, bendizemos ao Senhor e Pai; também,
com ela, amaldiçoamos os homens, feitos à semelhança
de Deus. Tiago 3:9

É evidente que, dentro de um coração pecador, essa imagem divina torna-se terrivelmente distorcida. Em pessoas eminentemente cruéis — como Adolf Hitler e Joseph Stalin —, ou em maníacos assassinos, é quase impossível percebê-la, porém ela existe. As próprias biografias de pessoas assim confirmam isso ao apontarem áreas em que esses humanos desumanos mostram alguma sensibilidade e um resquício de amor, nem que seja pelo seu cão.

É natural, portanto, que muita gente se revolte com injustiças e diversas formas de mal e lute contra essas coisas, seja apenas se posicionando ideologicamente ou mesmo de forma ativa e militante. Daí vêm as lutas contra a escravatura (no passado), as passeatas contra o aborto, o clamor por mais justiça social, pelos direitos de cada cidadão e assim por diante. De maneira geral, são lutas por boas causas.

O problema é que o homem é tão desesperadamente corrompido que contamina tudo o que ele toca. Mesmo que milite por uma boa causa, a forma de lutar será cheia de erros e deturpações. Onde quer que existam lutas neste mundo, podemos afirmar que, de alguma forma, há pecado envolvido.

A rigor, esse princípio ultrapassa as realidades terrestres e continua válido para os lugares celestiais, onde o próprio Deus e Seus anjos travam uma batalha árdua e incessante contra as potestades demoníacas, lideradas por Satanás. O próprio Deus se autodenomina "o Senhor dos Exércitos". Ele combate de maneira santa, limpa e pura em defesa da Sua santidade, dos Seus padrões, do Seu reino, declarando guerra a qualquer um que lhe faça oposição[1]. Uma vez, portanto, que o próprio Deus se opõe ao pecado, pode-se afirmar que toda briga, sem exceção, envolve a existência de pecado, pelo menos por uma das partes. Em poucas palavras: se não houvesse pecado, não haveria embates. Da mesma maneira como não existiam desavenças entre as Pessoas da Trindade antes da Criação, as Escrituras afirmam que também não haverá contenda no Céu, na presença de Deus, dos Seus anjos e dos redimidos por Cristo. Apenas muita paz e harmonia.

---

[1] Mesmo assim, cada vez que o evangelho é pregado, pode-se dizer que ali está Deus propondo paz, por meio do sangue de Cristo, o Príncipe da Paz.

O convertido e as brigas

Retomemos o raciocínio de que a natureza pecadora do homem natural está sempre levando-o a se meter em brigas. E, mesmo que sejam por boas causas, essas lutas inevitavelmente deixarão a marca de imperfeições e erros.

Em dado momento, acontece de alguém se converter a Cristo. De homem natural passa a ser nova criatura. Sua conexão com Deus é restabelecida, e de uma maneira tão espetacular que ultrapassa até o próprio entendimento: o Espírito Santo em pessoa passa a habitar nele. Embora de maneira limitada, agora ele compreende as realidades espirituais, e se apaixona pelos valores de Deus. Passa a odiar o pecado. Leva muito a sério a necessidade de passar a viver de maneira santa, pelo único motivo de que Deus é santo.

A sua pecaminosidade sofre um duríssimo golpe. A frequência e a intensidade das suas iniquidades deverão diminuir drasticamente. E, entre eles, também diminuem naturalmente as brigas, as dissensões, as lutas causadas pelas suas paixões carnais. Afinal, ele agora está profundamente comprometido com Cristo e recebe dele, por meio do Espírito Santo, poderes espirituais que antes não tinha.

Portanto, é perfeitamente legítimo esperar-se que um novo discípulo de Cristo se torne alguém bem menos belicoso e mais pacífico do que antes. Contudo, "menos belicoso" não significa belicoso de jeito nenhum!

O salvo em Cristo continua sendo pecador. Ainda será tentado a fazer (e infelizmente fará!), muitas coisas ofensivas a Deus. Enquanto viver debaixo deste Sol, estará dividido entre duas vontades opostas entre si — a espiritual e a carnal. Embora revestido de poder do alto e agraciado com belas virtudes, ele ainda entrará em muitas brigas. O orgulho, a vaidade, a ambição, a sensualidade, o ódio e a inveja ainda lhe causarão grandes perturbações e o empurrarão para tensões e disputas nos seus mais diversos relacionamentos. E, quando se fala em relacionamento, nenhum há de mais íntimo e importante — diante dos homens e do próprio Deus — do que o conjugal.

Daqui para frente, entramos no terreno sagrado do casamento, infelizmente invadido constantemente por brigas nada sagradas.

Campo fértil

Pela própria natureza da união conjugal — íntima e intensíssima —, o casamento não deixa de ser um campo fértil para brigas. Numa convivência tão próxima e diária, simplesmente não é possível esconder defeitos, falhas, vícios. Não dá para ser superficial e formal. Aliás, ao se casarem, os noivos já conhecem praticamente todos os defeitos um do outro. Todavia, convenhamos que novas características desagradáveis de ambos surgirão depois do casamento. Afinal, é o início de uma fase completamente nova no relacionamento — nova rotina, novos costumes, novos cardápios, nova companhia nas refeições. Tudo é diferente! Tanta mudança fará com que marido e mulher exponham novas nuances de personalidade — algumas nada virtuosas! Não admira que tantos cônjuges se decepcionem um pouco (ou muito!) depois que se casam, ao perceberem traços negativos no outro que simplesmente não conheciam, mesmo com anos de namoro e noivado.

Mesmo passada a fase de adaptação, o campo continuará minado para brigas. Chegam os filhos e, com eles, as necessidades crescentes de dinheiro e espaço, as diferenças na maneira de educar. Os tempos mudam, as idades, os corpos, as cabeças de cada um, a maneira de ver as coisas. Todas essas transformações ocorridas na vida de dois pecadores que vivem juntos vinte e quatro horas por dia, sete dias por semana, 365 dias por ano certamente irão causar muitas discussões e desarmonia no casamento.

Pode ser triste, mas é fato: o relacionamento conjugal é muitíssimo desgastante. Mesmo com todo o amor, a paixão, a amizade, a camaradagem, mesmo com todas as delícias de um bom casamento, a relação é um campo minado.

Porém, essa dificuldade não surgiu por acaso. Em momento de grande e sombria solenidade, logo após o pecado do primeiro casal, o próprio Deus condenou o matrimônio a um relacionamento tenso e sujeito a grandes abalos. O casamento seria mantido, sim, em todo o seu significado, força e beleza. O casamento continuaria sendo a especialíssima e sagrada união indissolúvel entre um homem e uma mulher. Porém, não sem graves dificuldades. Para o nosso propósito agora, basta examinar o que o Senhor falou a Eva:

...o teu desejo será para o teu marido, e ele te governará.

Gênesis 3:16

Para melhor compreensão, vejamos a última parte da frase: "E ele te governará".

Há um detalhe importante para que se entenda com precisão a mecânica bíblica do funcionamento de um casal antes e depois da Queda. A maldição anunciada por Deus não era propriamente que a mulher *passaria* a ser governada pelo marido. Ela já era desde que foi criada! O próprio fato de Eva ter sido feita de uma parte do corpo de Adão e ter como missão principal servir-lhe de ajudadora, já evidenciava que ela estaria subordinada ao comando dele. E esse status no relacionamento é confirmado quando Adão deu o nome a Eva, mostrando sua superioridade hierárquica. Contudo, é importante lembrar que até então Adão era um homem perfeito, sem pecado algum. Ser governada por um marido assim não se constituía absolutamente em posição desfavorável sob nenhum ângulo. Não se tratava de uma humilhação ou mesmo desconsideração da parte de Deus. Era apenas uma questão funcional que nada tinha a ver com valores humanos e com a dignidade do homem e da mulher diante de Deus — que era a mesma.[2]

O castigo imposto por Deus à mulher, portanto, não foi destiná-la a ser submissa ao marido, mas a um marido *pecador*.

Uma vez compreendido isso, passemos ao significado da primeira parte do que Deus falou. Conforme os eruditos no hebraico, pode ser uma das três opções: 1) para realizar os seus desejos, a mulher necessitaria sempre da aprovação do marido; 2) ela estaria fadada a desejar ardentemente o marido; 3) a vontade da esposa estaria em constante colisão com os desejos dele.

Para o nosso objetivo aqui, é suficiente notar que, qualquer que seja a interpretação, a mulher estaria em apuros. E o relacionamento conjugal, é claro, sujeito a grandes tribulações. Toda a chave da questão é que, do momento da Queda em diante, a mulher passou a ser governada por um homem *pecador por natureza*. E, quando o pecado entra em ação, o conceito de governar é rapidamente transformado em *explorar*. Basta olhar para a história, em qualquer civilização, de qualquer época, para se concluir que foi precisamente isso o que aconteceu.

Briga, como?

Explicada essa questão teológica das dificuldades que Deus impôs ao casamento como consequência da Queda, retomemos a

---

[2] Para quem quiser aprofundar-se na questão de que submissão, em si, não implica inferioridade intrínseca, basta lembrar que a Igreja é subordinada a Cristo não por castigo e muito menos por humilhação, mas como uma honra concedida por Deus aos redimidos. E mais: dentro do escopo do plano de salvação do homem, o próprio Filho é submisso ao Pai, sem que haja obviamente nenhuma diferença de dignidade pessoal entre essas duas Pessoas divinas.

conclusão de que a relação marido-mulher passou a ser muito desgastante, sujeita a brigas constantes. Chegou o momento de definir o que chamarei de "briga" no casamento: **é uma situação de conflito em que ideias e posições diferentes são expressas num clima tenso, variando desde pequena discussão até a um desentendimento áspero e verbalmente agressivo, que pode chegar a provocar uma crise grave no relacionamento.**

Preferi excluir dessa categoria as agressões físicas. Não que deixem de ser brigas, é claro! Porém, quando o casamento chega a esse ponto, ele requer soluções tão mais complexas do que as "brigas comuns" que achei melhor deixar esses tristes casos à parte.

Pelo que vimos até aqui, já podemos responder à pergunta do título: *Briga conjugal: é possível evitar?* Resposta: Não!

Briga é simplesmente *inevitável* no relacionamento marido-mulher.

Um casal que nunca teve uma briga, nem mesmo na forma de uma leve discussão, é algo tão atípico, tão "extraterrestre" que nem iremos considerar aqui. Para ser franco, pessoalmente, eu duvido que exista.

Óbvio ou não

Pode soar estranho que eu tenha utilizado todas estas páginas até aqui simplesmente para dizer o óbvio. Afinal, qualquer um sabe — não somente por livros ou palestras, mas pela própria experiência em casa — que briga num casamento é inevitável.

Óbvio ou não, três motivos me levaram a agir assim:

Primeiro. Achei importante dar base teológica para as brigas. Ir para as Escrituras é a *única* maneira de se abordar qualquer tipo de problema com a certeza de que ali está a análise perfeita e a última palavra sobre o assunto. Por incrível que pareça, muitos tentam arduamente resolver um problema pela raiz sem ter a menor ideia de onde está a raiz! A melhor maneira que encontrei para orientar os casais a tentarem diminuir as brigas foi expor, pela Palavra de Deus, que o pecado está na essência delas. Dessa forma, eles saberão precisamente *contra o que* lutam. E saber exatamente quem é o inimigo é a maneira mais eficiente que existe de lutar.

Segundo. Porque é altamente positivo que cada um tenha as *expectativas* corretas quanto às brigas no casamento.

Um dos maiores segredos da vida — não apenas no casamento, mas em qualquer área — é ter expectativas corretas. Quem é realista nas expectativas que alimenta descobriu uma ferramenta poderosa para ser mais maduro, mais equilibrado, mais sereno, até mesmo mais feliz.

Saber o que *pode* acontecer prepara para as ações e reações, *caso* ocorram.

Numa viagem de navio que fiz com Sandra, minha esposa, todos os passageiros foram obrigados, num determinado dia e hora, a participar de uma simulação de evacuação de emergência. Além de roubar horas de uma curta viagem de passeio, a detalhada operação nos mostrou de perto o que seria *realmente* enfrentar um naufrágio. Não houve como deixar de ficar um tanto incomodado com essa possibilidade, e isso ofuscou um pouco o brilho da viagem. No entanto, é bem mais sensato ser lembrado de que um navio pode naufragar e estar razoavelmente preparado se acontecer do que preferir não pensar "tolices" e fechar os olhos para a realidade.

Em relação a problemas que surgem no dia a dia, muita gente sofre mais do que deveria por não antever a possibilidade de eles ocorrerem. A garota ficou arrasada porque jamais esperava ser traída logo por aquele rapaz tão bonzinho. O empresário se deprimiu ao descobrir que o desfalque foi chefiado pelo seu funcionário mais antigo e leal. O campeão deixou a quadra de tênis querendo morrer, pois nunca imaginara perder a final para aquele adversário muito mais inexperiente. Expectativas erradas! A garota e o empresário, se fossem mais cônscios da natureza humana e mais perspicazes, não estariam tão decepcionados. O tenista, se fosse mais prudente (e humilde), atentaria para a possibilidade de estar num dia ruim, com dificuldade de concentração ou, talvez, até na iminência de uma gripe.

Vimos que o casamento, por mais agradável e harmonioso que seja, é um relacionamento complexo e sujeito a grandes tensões. E, quando as expectativas são erradas, o potencial explosivo da união aumenta exponencialmente. As frustrações serão maiores. As decepções, mais amargas. As discussões, mais sofridas.

As expectativas corretas roubam a força do elemento surpresa quando vem o ataque de um dos lados. "Mas a minha fofinha me atacar? Nunca!" Nunca, por quê? É claro que é possível que aquela doçura em pessoa, de repente, torne-se agressiva como uma leoa!

Se o casal de noivos sonha romanticamente que o casamento será um golpe fatal nas discussões, terá um problema duplo. Além das próprias brigas, a decepção por elas existirem. Os motivos das desavenças, é claro, serão diferentes do tempo do namoro, mas estarão lá.

Quem teve ou tem filhos adolescentes sabe o que é um tempo "turbinado" em casa. Conhece os intermináveis "entra e sai", as saídas com os colegas e depois com os namorados, as notas abaixo do que os pais gostariam, o clássico choque de gerações, e tudo o mais. O casal que toma como certa uma paz quase celestial depois que a "turminha" bater asas, pode se preparar para uma grande decepção. De fato, desaparecem aqueles tipos de estresse com os filhos, entretanto chegam tensões de outra natureza. E como chegam! É que homem e mulher maduros, mesmo velhos, continuam *pecadores*! E pecado entre quatro paredes dá briga.

Sábio é o casal que, desde o altar até o caixão do primeiro, está consciente de que haverá brigas no relacionamento.

Neste ponto, faço três ressalvas:

1. O fato de as brigas serem inevitáveis não significa que desistiremos de tentar evitá-las. Além de extremamente desagradáveis, é sempre bom lembrarmo-nos de que elas, de alguma forma, estão associadas ao pecado. A propósito, o último capítulo do livro tem como título "Evitando as brigas".
Quem dera este livro ajudasse cada leitor a se tornar especialista em evitar brigas! Todavia, como sabemos que elas inexoravelmente vêm, tornemo-nos também peritos em administrá-las.

2. Ao dizer que as brigas são inevitáveis, não estou falando em quantidade ou mesmo na intensidade delas. Se marido e mulher tiverem a felicidade de estar constantemente crescendo espiritualmente, com certeza a tendência deles será brigar menos.

3. Não estou sugerindo que todo casamento é uma arena com dois gladiadores furiosos em luta sangrenta. Existem casais que brigam pouco e se tornam assim valiosos exemplos e motivos de incentivo para os mais afeitos a uns "rachas".

Passemos ao terceiro propósito pelo qual resolvi iniciar o livro dizendo o que todo mundo sabe: briga é inevitável no casamento.
Terceiro. Mostrar o quanto é importante estarmos preparados para quando as brigas chegarem.
Mesmo sabendo que elas virão, não significa que estamos prontos para enfrentá-las.

Quem não sabe que poderá encontrar um pneu furado na próxima vez que entrar no carro? E será que estamos preparados para isso? Qualquer um que dirige deve ter passado pelo grande desprazer de rodar alguns metros, perceber um barulho esquisito e, ao descer, comprovar o que temia ao ver o aro no asfalto. Isso se não tiver notado, ainda ao longe, o carro ligeiramente desnivelado e logo ter concluído a triste realidade.

Muitos poderiam contar casos decepcionantes de reações nada cristãs a situações assim. E não vale insinuar que o problema é que os pneus são inteligentes e sabem exatamente o momento de nos surpreender nas piores situações: a prova final do filho, o médico marcado pela terceira vez, a reunião com o chefe irritantemente pontual e muitas outras situações simplesmente "inadiáveis".

O problema, claro, não é a inteligência dos pneus, porém o despreparo de cada um para encontrar situações desagradáveis, *mesmo sabendo que um dia elas chegarão!*

Quanto ao casamento, portanto, uma das maneiras de ajudar no preparo para enfrentar as brigas é lembrar-se do que todo mundo já sabe: elas chegarão.

Duas dicas sobre esse preparo:

1. Quando a briga irromper porta adentro do seu lar, *procure não se perturbar* pelo fato de ela haver chegado. Aja com a naturalidade que conseguir, procurando concentrar-se em resolver os problemas que aquela desavença específica poderá criar.

    Conheço um senhor casado há algumas décadas que ficou tão abalado com uma discussão surgida poucos dias depois do casamento, que encarou a esposa e disse sério: "Estamos brigando? Mas eu não me casei para brigar. Arrume-se, pois vamos agora mesmo para o cartório, pedir o divórcio!"

Nem pediu desquite algum e nem enfrentou o problema que causara a briga. E estava criado, naquele momento, o "método" que o casal adotaria dali em diante: a inexistência de brigas — não por harmonia natural, mas pela supressão absoluta de qualquer contestação por parte da esposa e a total inapetência do marido para resolver diferenças. Desnecessário comentar a precariedade dessa união.

Uma reação explosiva ou irracional em uma crise de relacionamento aumenta o dano que essa situação poderá trazer. Surgem dois problemas em vez de um! Por outro lado, uma reação natural ajuda a encarar o problema com calma e lucidez, permitindo uma solução mais eficiente, deixando menos sequelas.

2. *Não se deixe desanimar* quando a briga vier.

Certa vez, um homem me disse que teve uma dificuldade particularmente penosa no início do casamento. Quando brigavam, um pensamento desesperador se apossava da sua mente: *Vou ter que aguentar essa mulher a vida inteira. Estou liquidado!*. Isso o deixava profundamente desmotivado.

O desânimo é um inimigo terrível em qualquer área da vida, especialmente no casamento, que é um relacionamento permanente e intenso.

Há fases do relacionamento em que os nervos do casal estão mais à flor da pele ou o diabo resolve atacar de maneira mais intensa. Seja qual for o motivo, as discussões começam a surgir com frequência mais alta do que, digamos, a "média histórica" do casal.

Essa "onda" de brigas pode facilmente levar ao desânimo e provocar questionamentos como estes: "Acho que estamos cansando um do outro"; "Talvez não nos amemos mais";

"Quem sabe se é melhor desistirmos por aqui". As brigas constantes são terreno fértil para que esse clima de dúvida e de "fracasso à vista" cresça como uma bola de neve e se transforme num clima perigoso à estabilidade do casamento. O casal não pode permitir que essa cunha penetre no relacionamento. O casamento é irreversível! "Portanto, o que Deus ajuntou não o separe o homem" (Mt 19:6)!

Quando chegar uma briga ou mesmo uma série delas, a reação correta é: "Estamos nessa fase difícil, mas não é coisa de outro mundo. Com a ajuda de Deus, vamos sair dela".

A pior opção é se deixar perturbar, contaminar-se com o desânimo e terminar brigando de maneira errada e incompetente.

—Um momento, pastor! O senhor está querendo insinuar que existe maneira *competente* de brigar com o cônjuge?

—Claro! É precisamente por isso que este livro foi escrito. Para ajudar cada um, pelo bem do casamento, a ser "bom de briga".

2

Bom de briga

No mundo, ser bom de briga é causar o maior estrago possível no adversário, enquanto procura derrotá-lo. E que todos vejam que o vencido é fraco e o vencedor é melhor. No cristianismo, ser bom de briga é exatamente o contrário: causar o menor dano possível no opositor, levando-o em alta conta, até mesmo considerando-o superior a si mesmo (veja Filipenses 2:3).

Ao brigar, o casal cristão deve se portar dignamente, procurando se harmonizar novamente o mais rápido que puder. Se alguém tiver de sofrer danos, que seja o inimigo comum, o diabo, e não a união conjugal. Essa deve refletir, da melhor maneira possível, o relacionamento Cristo-Igreja. Ser "bom de briga", portanto, é se esforçar para alcançar esse bendito alvo.

Vejamos algumas técnicas para sermos "bons de briga".

A rigor, *todas* as virtudes que a Bíblia requer do salvo seriam recomendáveis numa briga conjugal. E todos os males, desaconselháveis. Obviamente uma lista de tal magnitude seria impraticável numa obra breve como esta. Estarei concentrado, portanto, em oferecer alguns conselhos práticos, de maneira que várias dessas virtudes serão naturalmente encaixadas.

Que a briga dure o mínimo possível

Há brigas que mais parecem aquele doce pastoso conhecido por puxa-puxa: estica daqui, espicha dali, fica cada vez maior e parece que nunca acaba.

Parece até que o casal está *gostando* de brigar, cada um procurando um motivo para "esticar" mais.

O trágico é que muitas vezes é exatamente isso o que ocorre. Um ou mesmo os dois terminam gostando mesmo das discussões. Tornaram-se vítimas da própria carne. Deixaram-se dominar pela sede de ofender, pela vontade de se vingar, pela ânsia de agredir. E, talvez, sem nem perceber, estejam vivendo na prática um antigo ditado: "Dou um boi para não entrar numa briga, mas uma boiada para não sair dela".

Não admira que o Espírito Santo, conhecendo perfeitamente a natureza humana, falou nas Escrituras desse mesmo fenômeno, típico de uma raça pecadora:

> *Como o abrir-se da represa, assim é o começo da contenda; desiste, pois, antes que haja rixas.* Provérbios 17:14

O cristão verdadeiro deve querer distância de inícios de contenda e, caso não consiga, dar uma boiada para *sair* dela.

Briga cirúrgica

Na chamada Guerra do Golfo, em 1990, alguém na mídia cunhou a curiosa expressão "guerra cirúrgica", dando a entender que os países aliados tentariam bombardear com precisão pontos estratégicos do Iraque, na tentativa de produzir o menor número possível de baixas civis.

Tomemos emprestado o termo. Quando o casal não conseguir evitar o início da contenda, que pelo menos tenha uma "briga cirúrgica", com o menor número possível de sequelas. Uma maneira eficiente de atingir esse objetivo é conseguir que a crise dure o mínimo possível.

Se, no meio da discussão, por exemplo, um quiser trazer à tona certo problema de outra natureza ocorrido dois anos antes, o outro não deve permitir. Podem até combinar resolver *depois* aquela pendência. Mas embolar tudo no calor daquele momento é aumentar a chance daquela briga se tornar mais danosa do que deveria, tornando a solução mais complexa e sofrida.

Ficar deliberadamente concentrado em resolver o problema que causou a briga é sinal de sabedoria do casal. Quanto menor e mais rápida a briga, menor o estrago.

Meu avô contava a história de um amigo que um dia saiu de casa após uma noite de chuva. No jardim, poças de lama por todo lado. Seguindo a moda da época, estava vestido de calça e camisa brancas, de linho, bem engomadas. Planejou chegar à segurança da calçada pisando com cuidado em algumas pedras. Não deu três passos e escorregou. Respirou fundo e olhou para baixo. A pontinha da calça estava suja. A raiva subiu à cabeça. Em vez de entrar e resolver rapidamente o problema com um pano molhado, preferiu outra opção. Colocou o *outro* pé na lama e ficou pisoteando o chão com toda a força que podia, durante alguns momentos. Não preciso dizer o resultado!

Muitos casais, ao perceberem o início do que poderia ser apenas uma pequenina discussão, partem para uma briga que espalha grande sujeira, não em roupas, mas num relacionamento que estava limpo, harmonioso, agradável.

Seja respeitoso

Convenhamos que ser carinhoso durante uma briga, não dá. Mas, respeitoso é nada menos do que obrigatório. É onde precisamos praticar, no mínimo, os itens de boa educação que aprendemos dos nossos pais. Certo que eles os repetiram à exaustão e talvez até tenhamos às vezes nos cansado de ouvir. Contudo, qualquer adulto com um mínimo de juízo reconhece que ali estavam ensinos de ouro. Eram lições gerais de relacionamento e especificamente aplicáveis ao casamento, especialmente em momentos de conflito:

- ✓ Deixar o outro terminar de falar antes de retrucar. Não bater a porta "na cara do outro".
- ✓ Não desligar o telefone, deixando o outro falando sozinho.
- ✓ Se o outro estiver elevando a voz, não o acompanhar nesse péssimo costume, pois rapidamente ambos estarão aos berros.
- ✓ Não ofender, mesmo que seja uma ofensa disfarçada, como dizer "calmamente" *aquele* termo ou gesto que irrita o outro.

Na realidade, todas essas "regras elementares de comportamento civilizado" são belas e valiosas atitudes cristãs! Entre dezenas disponíveis na Bíblia, vejamos apenas alguns exemplos de conduta que Deus espera de seus filhos em *qualquer* situação (inclusive, numa briga!):

Finalmente, sede todos de igual ânimo, compadecidos, fraternalmente amigos, misericordiosos, humildes, não pagando mal por mal, ou injúria por injúria; antes, pelo contrário, bendizendo, pois para isso mesmo fostes chamados, a fim de receberdes bênção por herança. 1 Pedro 3:8-9

Tende o mesmo sentimento uns para com os outros; em lugar de serdes orgulhosos, condescendei com o que é humilde; não sejais sábios aos vossos próprios olhos. Não torneis a ninguém mal por mal; esforçai-vos por fazer o bem perante todos os homens;

se possível, quanto depender de vós, tende paz com todos os homens. Romanos 12:16-18

Exortamos-vos, também, irmãos, a que admoesteis os insubmissos, consoleis os desanimados, ampareis os fracos e sejais longânimos para com todos. 1 Tessalonicenses 5:14

Deixar de seguir exortações como essas faz muita falta em momentos de crise!

Da maneira como um marido conhece os caminhos para derreter o coração da sua mulher, os gestos que a encantam, as palavras que a seduzem, ele também sabe como deixar aquele mesmo coração fervendo de ódio ou profundamente magoado. A mesma coisa acontece com a esposa em relação ao marido.

Existe algo mais deprimente do que, no meio da briga, o marido disparar contra a esposa toda uma lista de fragilidades internas que ela própria lhe segredou em momentos delicados, talvez com lágrimas? Ou ela despejar contra o esposo aqueles complexos tão doloridos que ele, após anos de casado, finalmente resolveu lhe confiar poucos dias antes?

Qualquer que seja a forma que um desrespeito assuma, a consequência é a mesma: o ofendido entra automaticamente num estado de autodefesa, do qual será muito difícil sair. Exatamente como ensina a Bíblia:

O irmão ofendido resiste mais que uma fortaleza; suas contendas são ferrolhos dum castelo. Provérbios 18:19

Um cônjuge magoado durante uma briga dificilmente se manterá sereno. Aquele conflito se tornou bem mais complexo e difícil de ser resolvido sem sequelas.

Ser transparente (pelo menos até certo ponto)

A ressalva do "até certo ponto" é necessária porque há limites para a transparência. Imagine a esposa, no meio de uma esquentada discussão, emendar: "… vou me afastar um pouco porque o seu mau hálito hoje está insuportável!". Pode até ser verdade, mas jamais deveria ter sido colocada naquela circunstância. É quando a sinceridade se torna prejudicial. Aliás, briga é algo tão ruim, que *tudo* é perigoso — até a honestidade, se empregada sem sabedoria!

Seja como for, excessos à parte, uma grande dose de transparência é crucial para manter uma briga em "fogo brando". Nem tudo precisa ser dito, mas o que for, que seja verdadeiro. O Senhor Jesus Cristo mandou:

Seja, porém, a tua palavra: Sim, sim; não, não. O que disto passar vem do maligno. Mateus 5:37

A essência desse ensino é que o crente seja preciso no que fala, direto, sem embromação e sem invenções. O que é sim seja dito como sim. O que é não seja colocado como não. O verde é verde. O bonito é bonito. O "fui" deve significar exatamente que foi. O "não ouvi" é porque não ouviu mesmo. As palavras sejam expressas com clareza e nitidez, para que não haja má compreensão ou, pior ainda, engano.

Entretanto, ser transparente não é apenas usar as palavras de maneira tecnicamente exatas. É também ser franco, sincero, altamente confiável no que diz.

Não é raro alguém dizer a verdade, todavia sem transparência. Basta um sorriso no canto da boca, irônico, cínico, malvado. As palavras, ainda que verídicas, tornam-se uma agressão.

O não transparente se especializa em palavras vagas, do tipo "pode ser", "você é que está dizendo", "não me pergunte isso". Ou usa meias-palavras, que mais confundem do que esclarecem.

Uma briga em que marido e mulher se respeitam e se expressam de maneira verdadeira e sincera tem boa chance de ser rápida e desaparecer sem deixar muitos estragos. Contudo, ainda falta uma coisa.

Ser brando

A Bíblia diz que "a palavra dura suscita a ira". O assunto aqui não é o conteúdo do que está sendo dito, mas a *maneira* de expressá-lo.

A forma de externar uma ideia ou sentimento envolve mais variáveis do que possa parecer. A fisionomia, o olhar, os músculos da face, a pressão nos lábios, o volume da voz, a velocidade das palavras, o tom da fala — tudo isso tem influência direta na maneira como o outro reagirá ao que está ouvindo. Se todo esse conjunto de fatores puder ser definido como uma "palavra dura", não é difícil prever a reação do que ouve: ira!

Quem entra numa briga inicia automaticamente uma outra luta, paralela, contra os males da própria carne, que inclui a ira agressiva e pecaminosa. Num ambiente belicoso, uma mera afirmação grosseira, indelicada ou apenas fria pode ser como faísca numa poça de gasolina. É muito grande o poder de estrago de palavras cortantes, mesmo verdadeiras.

Pelo menos, a facilidade com que palavras duras causam danos é compensada pelo poder que palavras brandas têm de acalmar. A frase citada anteriormente é apenas o final do versículo de Provérbios 15:1. De propósito deixei para reproduzi-lo na íntegra agora.

A resposta branda desvia o furor, mas a palavra dura suscita a ira. Provérbios 15:1

Num dia em que as coisas não estavam dando muito certo no trabalho da Sandra, ela teve de ficar até mais tarde do que o normal. Já passava do meio-dia quando a chefe dela recebe um telefonema do marido, perguntando por que a demora e dizendo já ter chegado em casa para o almoço. Uma resposta dura, do tipo "Não estou aqui por brincadeira e nem precisa ficar me pressionando para ir almoçar" com certeza teria despertado a ira do marido. Porém, a resposta foi leve e bem-humorada: "Ih, você nem imagina, estamos aqui no maior sufoco, lutando contra o novo programa que instalaram no computador. Assim que der, corro para casa!". Não é difícil concluir a reação também leve e compreensiva do marido que, naquele dia, teve que almoçar sozinho.

Todavia, não é fácil devolver brandura a quem dispara furor. O conceito bíblico acima não é simplesmente uma mesma verdade apresentada de maneiras diferentes. A rigor, são duas afirmações que tratam de *realidades* distintas. A segunda parte da frase refere-se a uma reação quase natural por parte de quem tem uma natureza decaída, como todo ser humano. "Foi duro comigo? Pois agora aguente a minha ira de volta!" É assim que a maioria de nós reage. Dureza com dureza, ira com ira.

Agora olhe para a primeira parte do versículo. A realidade é oposta: alguém despeja palavras furiosas sobre o outro e este responde... com brandura! Não é que apenas ficou calado, o que já é difícil quando se é agredido, mas falou com palavras conciliatórias e edificantes. Em vez de alimentar uma briga iminente, sufoca-a com a mansidão de Cristo. Para onde foi o furor agressivo? Sumiu. Foi desviado para bem longe, para alguma região do inferno.

Ainda duas passagens bíblicas a mais sobre a importância da mansidão nos relacionamentos, especialmente quando eles se tornam delicados. A primeira é:

Irmãos, se alguém for surpreendido nalguma falta, vós, que sois espirituais, corrigi-o com espírito de brandura; e guarda-te para que não sejas também tentado. Gálatas 6:1

O tipo de pessoa que conseguirá brandamente corrigir um faltoso é o espiritual! É natural que os erros de pessoas com as quais lidamos no trabalho, na igreja, na vizinhança nos incomodem de alguma maneira. No casamento, a simbiose marido-mulher é tão grande, que é improvável que o erro de um não traga algum tipo de prejuízo ao outro. Porém, quem gosta de prejuízo? Quem quer renunciar a uma boa oportunidade para pegar o outro numa falha e aproveitar para uma boa lição de moral? Resposta: o crente espiritual!

Ele não quer confusão, não tolera a ideia de se sentir superior ao outro porque o surpreendeu num defeito. Ele quer paz, quer ser benigno, quer ajudar o outro que falhou. Então o corrige! Aos gritos? Não! Com ironia? Não! Com impaciência? Também não! Com brandura!

Vamos à segunda:

A longanimidade persuade o príncipe, e a língua branda esmaga ossos. Provérbios 25:15

Quem vê o instrumental de um cirurgião-ortopedista parece estar diante da caixa de ferramentas de um mecânico: martelo, alicate, furadeira, chave de fenda, serra elétrica. É de arrepiar! No entanto, não poderia ser diferente. O osso é a parte mais dura da estrutura física humana. Tem de ser "jogo bruto". Aí vem a Palavra de Deus e diz que a língua branda esmaga... ossos!

Quem é casado com um teimoso deve ter pensado muitas vezes em abrir aquela "cabeça dura" e colocar umas coisas sensatas lá dentro. Contudo, sempre se dá conta de que está desejando algo impossível. Mas... será impossível mesmo? Literalmente, claro que sim! Porém, há outra forma de quebrar os "ossos" daquela cabeça: usando palavras mansas! O poder delas é enorme. Provoca mudança de reações e atitudes que pensaríamos jamais ser possível. Se alguém insiste em abrir uma fechadura com a chave errada, o que acontece? Termina quebrando a chave! A chave certa desliza com suavidade reentrâncias adentro e facilmente abre a fechadura. O ouvido humano tem "fechadura". Sábio é o cônjuge que consegue moldar com precisão uma chave com o segredo exato dos ouvidos do outro. Quantas brigas poderiam ter sido menores, mais rápidas, mais leves, ou até nem existido, se as mesmas verdades tivessem sido ditas com jeito.

Estudar bem o "adversário"
Tarefa complexa para a NASA é selecionar os seus astronautas dentre dezenas de pilotos altamente qualificados, semelhantes na competência e nas aptidões físicas. Pois ela facilita esse problema escolhendo os que têm uma determinada característica: a capacidade de avaliar o estado de espírito dos companheiros de equipe.

Espaço claustrofóbico, saudade de casa, constante risco de acidente, sono incompleto — esse é o clima pesado dentro de uma nave espacial. Nervos à flor da pele, tensões altas... qualquer palavra áspera pode ser a faísca para explodir o relacionamento entre colegas de viagem. É onde entra a capacidade de avaliar as dificuldades pelas quais os *outros* estão passando e comportar-se de acordo com esse fator, não conforme os próprios sentimentos. Fantástico, não?

Numa briga conjugal, se os dois tiverem a nobre atitude de considerar o estado de ânimo do outro, é quase impossível que a crise se aprofunde e descambe para um problema grave.

Infelizmente, o contrário também é verdadeiro. Seria preciso muita insensatez para uma mulher, no meio de uma discussão, deixar de considerar o "pequeno detalhe" de que o marido foi demitido na véspera injustamente, e agora está desempregado, com três filhos para sustentar. Ou o marido brigar, sabendo o quanto a esposa tem sofrido e se abatido com a terrível doença da mãe.

E se um dos dois tiver passado a noite com dor de dente? Estaria, porventura, em mínimas condições para entrar numa briga? Quem vai querer discutir com ele? É melhor deixar os acertos de conta para depois e levá-lo imediatamente ao dentista!

Pena que o mais frequente é cada um se concentrar nos próprios sentimentos, esquecendo-se de considerar também os do outro.

Ainda há algo mais para prestar atenção no outro além do estado ou condição emocional. É se o *assunto* da briga o afeta de maneira particular. Todo mundo tem suas sensibilidades, seus pontos nevrálgicos. E o cônjuge conhece particularmente bem os do companheiro.

Esperando o elevador, o celular de Betânia toca. Mário, que estava atrasado e ainda iria levá-la ao trabalho, adianta-se:

—É melhor não atender, pois a linha irá cair dentro do elevador.

Ela olha para o visor e diz:

—Mas é a minha mãe. Vou atender.

—Não atenda. Você sabe que a sua mãe fala que só um papagaio e é impossível ter um diálogo curto com ela, além do mais…

Aborrecida com o que ouvira, Betânia deixa o marido falando e clica o pequeno ícone verde do telefone: "Oi, mãe".

O previsível aconteceu. Mãe e filha começaram a conversar, o elevador chegou, Betânia não teve coragem de encerrar, perderam a descida… e mais dez minutos até o elevador retornar.

Desceram em silêncio. Ele sentiu o clima pesado. Há poucos dias, Betânia reclamara que, "nos últimos tempos", ele andava se referindo à sogra de maneira bem depreciativa. Ele concordou em parte, achando exagero dela falar em "últimos tempos". E aproveitou para se queixar de que ela, por sua vez, andava muito fria com qualquer coisa que se relacionasse com a mãe dele. Ela não concordou, e terminaram discutindo. E agora, de repente, o assunto volta à cena.

Quando entraram no carro, o rosto duro da esposa mais parecia o de um índio pintado para a guerra.

—E agora, vai ter coragem de negar de novo o jeito estúpido de tratar a minha mãe?

Ele já estava abrindo a boca para dar o troco quando parou de repente. Num rasgo de lucidez, percebeu que estava numa encruzilhada. O terreno estava preparado para o início de uma crise grave no relacionamento. Muito ligada à mãe, talvez demais, do seu ponto de vista, a esposa nunca estava satisfeita com a atenção que ele dava à sogra. Agora, com esses recentes telefonemas, o sentimento intensificou-se e caminhava para uma mágoa profunda. Ele sabia que o terreno estava minado. Todo cuidado era pouco para uma bomba não explodir. Então falou calmamente:

—Meu bem, você sabe que não é hora nem local para tratarmos desse assunto. Embora não possa concordar com os seus termos, sei que fui um pouco seco com a sua mãe e peço que me desculpe. Quanto à questão do meu relacionamento com ela, vamos conversar sobre isso na primeira oportunidade que surgir, com serenidade e cabeça fria.

Embora não tenha se transformado num poço de doçura, Betânia descontraiu-se, esboçou um leve sorriso e, com duas palavras, encerrou o assunto: "Tudo bem!".

A bomba estava desarmada!

Cada pessoa casada deveria conhecer "como a palma da mão" os assuntos que despertam fortes sentimentos no cônjuge. E, caso não consiga evitá-los durante uma discussão, que pelo menos o trate com o cuidado de quem mexe com nitroglicerina.

Juiz
Por falta de atenção em avaliar o "adversário", muitos entram numa briga que está destinada a ser um fracasso desde o início. É o que ocorre quando um se utiliza de ironias, manipulação de informações, meias-verdades. Isso é jogar sujo. E um jogo sujo nunca termina bem.

—Não, eu não consigo me lembrar de nada que falei ontem que possa ter lhe causado tanto aborrecimento. Seja direta e diga o que foi.

—Mas você não vive se gabando da maravilhosa memória? Agora já esqueceu o que disse há menos de vinte e quatro horas? Deu amnésia de repente, foi?

A ironia de uma resposta assim é uma verdadeira declaração de guerra. Não parte de alguém disposto a enfrentar uma discussão em bons termos, almejando resolver o assunto o mais cedo possível, mas, de quem deseja confusão, pronto para entrar numa rusga. É o tal do "pode vir quente que eu estou fervendo!"

—Liguei várias vezes, e o seu celular estava desligado. O que houve? Onde você andava?

—Ora, vejam só, eu não sabia que tinha arranjado uma segunda mãe! Não tenho nenhuma obrigação de lhe prestar relatório de onde e com quem eu estava, e o que estive fazendo durante esse tempo.

Além de irônico, o marido deixou no ar a pergunta da esposa. E, ainda, de maneira vaga e maliciosa, como que instigando a mulher a dar asas à imaginação.

É enorme o poder destrutivo que uma resposta dessa tem de transformar instantaneamente uma mera resposta numa arma de ataque, abrindo caminho para uma briga amarga.

—Mas, Ricardo, quando eu liguei para você perguntando pelos pães, você confirmou que já havia passado na padaria. E agora chega de mãos vazias!

—Ah, Teresa, eu já estava chegando em casa, quando você ligou. Se eu dissesse que havia me esquecido, você daria o maior escândalo, e eu não estou a fim de ouvir *blá-blá-blá*. Além do mais, eu não menti: de fato estive na padaria... ontem!

Quando um perceber que o outro não está jogando limpo, deve parar a discussão e confrontá-lo. Não no sentido de encará--lo com os olhos faiscando de raiva e mostrando os punhos cerrados, mas de obrigá-lo a encarar o fato de não estar "lutando" com lealdade. Essa pausa na discussão deve ser feita com tato. Em qualquer situação, ninguém gosta de ouvir que está errado e ser repreendido. E isso é exatamente o que irá acontecer quando o outro disser:

—Vamos parar a conversa aqui mesmo. Suas palavras indicam que você não está querendo resolver esse problema pacificamente. Querendo ou não, a sua resposta apenas jogou mais lenha na fogueira, e não é para o bem de nenhum dos dois que essa discussão fique mais quente do que já está.

Nesse momento, o que parou a briga deixou de ser um lutador e passou a ser uma espécie de juiz. E feliz do casal em que uma das partes tem a cabeça fria e o bom senso para agir assim. Uma contenda alimentada por subterfúgios transforma-se lentamente numa sofrida batalha de muitas idas e vindas que termina se prolongando muito mais do que deveria. Não é de admirar que, cinco dias depois, o casal nem se lembre de como começou uma crise que se tornou tão grande. E talvez descubram, encabulados, que tudo começou porque ela reclamou que o marido não lhe dera bom dia!

Acredite quando o outro disser: "Você me magoou"
Evidentemente, essa sugestão não vale quando aquele que se diz magoado está apenas blefando, mentindo ou manipulando.

Só que, via de regra, quando um fala que está magoado, é porque está mesmo! E o outro deve acreditar. Se não de boa vontade (ninguém gosta de ser aquele que magoou), mas pelo menos dando um crédito de confiança. Afinal, sempre é bom lembrar que: o amor

>...*tudo crê*... 1 Coríntios 13:7

O difícil é exercitar amor em plena discussão. A tendência, aliás, é o contrário: deixar a carne predominar. E, em momentos assim, nada mais manipulador do que se fazer de vítima e partir para o ataque:

—Ah, está magoado? Como está sensível, o coitadinho! Eu é que não aguento conviver com uma criatura que só falta chorar só porque eu não liguei avisando que chegaria tarde.

Esse é o tipo de pessoa que pisa numa unha encravada e, ao ouvir o grito do pobre coitado, volta-se contra ele: "O que é isso, amigo, calma, para que tanto escândalo?".

Reações assim geralmente são fugas acovardadas e orgulhosas para escapar de um simples pedido de desculpa.

Por outro lado, levar a sério a queixa do outro, examinar as circunstâncias e tratar o assunto com respeito mostra consideração com os sentimentos dele. Valoriza a sensibilidade dele. É como convidá-lo para resolver a pendência de maneira digna e cristã. Tal reação serve como ducha de água fria na fogueira da chateação do outro.

Além disso, quando um reclama que está magoado, abre-se uma janela fantástica para a melhor compreensão entre o casal. É uma oportunidade para conhecerem melhor os pontos sensíveis do outro — o que o deixa magoado, ferido, irritado ou mesmo arrasado. E o fato de essa oportunidade ter surgido num clima desagradável de discussão não significa que deixa de ser valiosa. O casal sábio não desperdiçará uma chance dessas.

No entanto, apenas examinar o que entristeceu o cônjuge não é suficiente. Falta uma atitude do que magoou e outra do magoado. Posturas fundamentais em qualquer área da vida de quem se chama de cristão. A propósito, é do que trata as duas próximas sugestões.

Peça perdão

É comum que, logo nas primeiras fases de um mal-entendido, um já consiga a "proeza" de ofender o outro. Nesse momento, o que poderia ter ficado como um leve desentendimento transforma-se numa situação mais séria, mais sofrida, mais difícil de ser resolvida. Enfim, uma verdadeira briga. Mesmo que o ofensor nem estivesse com intenções belicosas, apenas falou de modo desajeitado, sem tato. E termina piorando tudo — como um remédio errado que, além de não curar, piora.

Seja como for, com ou sem intenção, se apareceu ofensa de um lado e mágoa do outro, é preciso haver o pedido e a respectiva concessão de perdão. Essa é uma das primeiras lições para quem se tornou nova criatura.

Do modo como o caminho mais curto entre dois pontos é uma reta, a maneira mais rápida para encerrar uma briga, quando um se diz magoado, é o outro ser humilde e desculpar-se — mesmo que tenha agido sem intenção.

Enquanto há na Bíblia ordens claras para perdoar, é curioso que não se encontram mandamentos explícitos para o pedido de perdão. Porém, a própria necessidade de perdoar pressupõe esse caminho.

No texto a seguir, é evidente que Jesus equipara a confissão "Estou arrependido" a um pedido de perdão:

Acautelai-vos. Se teu irmão pecar contra ti, repreende-o; se ele se arrepender, perdoa-lhe. Se, por sete vezes no dia, pecar contra ti e, sete vezes, vier ter contigo, dizendo: Estou arrependido, perdoa-lhe. Lucas 17:3-4

Na famosa parábola do filho pródigo, a própria confissão que ele fez da ofensa e o tom de arrependimento evidenciaram o pedido de perdão:

E, levantando-se, foi para seu pai. Vinha ele ainda longe, quando seu pai o avistou, e, compadecido dele, correndo, o abraçou, e beijou. E o filho lhe disse: Pai, pequei contra o céu e diante de ti; já não sou digno de ser chamado teu filho. Lucas 15:20-21

Jesus também disse que, se alguém, ao levar a oferta para o altar, lembrasse de que um irmão tinha alguma coisa contra ele, que deixasse ali mesmo a oferta e fosse reconciliar-se com o irmão (veja Mateus 5:23-24). A tentativa de reconciliação incluía, no mínimo, o pedido de perdão.

Tiago nos exorta a confessarmos os nossos "pecados uns aos outros" (Tg 5:16). Que sentido haveria uma confissão "da boca para fora", sem uma sincera contrição?

Também não faltam exemplos na Bíblia de pessoas pedindo perdão a outras. Os irmãos de José assim o fizeram, depois que o encontraram no Egito (veja Gênesis 50:17). O rei Saul pediu perdão a Samuel por haver desobedecido ao que o profeta ordenara como porta-voz de Deus (veja 1 Samuel 15:25). O apóstolo Paulo se desculpou à igreja de Corinto por não ter recebido oferta deles, privando-os assim desse privilégio (veja 2 Coríntios 12:13).

Pedir perdão é o tipo de solução fácil e simples... na teoria!

"Perdoe-me!" É quase inacreditável como uma pequenina expressão pode pesar tanto na língua. E como consegue travar todo o andamento de uma atitude que a pessoa sabe ser necessária.

Quem já não passou pela vexatória situação de preparar em detalhes um pedido de perdão, apenas para desistir na hora H, às vezes com os lábios já começando a abrir? Por que é tão difícil desculpar-se? Entre outros motivos, sugiro quatro:

1. Orgulho entranhado na natureza humana. Sendo um gesto de humildade, pedir perdão é nadar contra a correnteza da carne.

2. Pouco amor. O que resiste a pedir perdão não se apressa em fazer justiça, não se preocupa em reparar um erro, não lamenta ter causado prejuízo ao próximo.

3. Desprezo aos relacionamentos. Para quem é duro em se desculpar, pouco importa prejudicar uma relação por causa de uma ofensa. "Feri, sim; e daí? E, se achou ruim, o problema é seu."

Permitir-se essa dureza de coração ao ofender um inimigo, um desafeto ou mesmo um desconhecido — até que seria compreensivo (embora não justificável). Porém, o que choca é a recusa de pedir perdão a quem se ama — amigos, irmãos de fé, parentes. Pior ainda, ao próprio cônjuge, companheiro de vida!

Contudo, para vergonha de todos nós, a triste verdade é que esse procedimento é muito comum. Aliás, um dos principais motivos de briga entre casais.

No meu gabinete, quando alguém com dificuldade conjugal diz: "Reconheço que errei e ofendi o meu cônjuge",

Então, pergunto: "E aí, pediu perdão?". Infelizmente um encabulado "Não!" é a resposta frequente. Alerto então que um agravante para o restabelecimento da harmonia perdida pode estar exatamente aí.

4. O fato de já ter feito isso repetidamente. Essa é uma ideia sutil e enganosa, pois lança mão de uma pretensa dignidade. "Se apenas nos dois últimos dias já me desculpei quatro vezes por esse mesmo assunto, onde vou encontrar moral para mais uma? Pedir perdão pela quinta vez? Não dá. Eu tenho vergonha na cara!"

Isso nada mais é que tentar vestir uma desobediência a Deus com roupagem de virtude! Tipo da sugestão que o diabo gosta de soprar nos ouvidos dos incautos.

Cristo mandou fazer exatamente o contrário:

Acautelai-vos. Se teu irmão pecar contra ti, repreende-o; se ele se arrepender, perdoa-lhe. Se, por sete vezes no dia, pecar contra ti e, sete vezes, vier ter contigo, dizendo: Estou arrependido, perdoa-lhe. Lucas 17:3-4

Claro que o número de sete ofensas num único dia seguidas de sete pedidos de perdão é uma quantidade deliberadamente exagerada. Com isso, Jesus quis mostrar que não há limites para alguém arrependido pedir perdão nem para o ofendido concedê-lo.

A obstinação em não pedir perdão, tão comum nos casamentos, pode trazer duas consequências muito graves para o relacionamento conjugal:

Primeira. O ofensor impenitente transforma-se numa pedra de tropeço ao expor o outro a tornar-se facilmente vítima da própria carne. Qualquer pessoa agredida é automaticamente arremessada num ringue onde terá de travar uma luta feroz contra a raiva, a sede de vingança ou o desprezo contra o cônjuge. E, se não forem esses os inimigos, será o desânimo, a tristeza, a apatia de investir na saúde do relacionamento.

Segunda. O mau costume de não tratar as ofensas é caminho fácil para a repetição e o acúmulo de erros, num processo de endurecimento espiritual extremamente danoso a ambos. A recusa sistemática em ouvir a própria consciência, chamada pela Bíblia de cauterização, é um dos maiores perigos para a vida cristã. Se um cônjuge chega ao ponto de saber que ofendeu o outro e não sente nenhuma "pontada" o acusar, pouco lhe resta a não ser pedir socorro a alguém, sabendo que está espiritualmente enfermo, e o seu casamento, ameaçado.

Todavia, não é apenas o ofensor que deve tentar resolver um problema causado pela própria infração. Embora seja dele a responsabilidade primária de tratar a questão, é importante e nobre que o outro, mesmo ofendido, tente ajudar.

Afirmar que se sente ofendido e, portanto, aguardando o pedido de perdão, pode ter efeito encorajador no outro. Conforme comentamos há pouco, pedir perdão é muito difícil para qualquer pessoa. Ainda mais quando se trata de um crente, pois sabe que desculpar-se não é alternativa, mas obrigação. Sempre será benéfico um "empurrãozinho" da parte da vítima — não vindo, é claro, impregnado de raiva e ressentimento, porém, de amor e humildade. Responder ofensa com ofensa é chamar para a briga, quer dizer, para o agravamento dela.

Perdoe

Cada pedido de perdão precisa ser devidamente concedido. Nada de "pode ser", "vou pensar", "deixa o tempo correr". É a Bíblia que obriga. É Deus quem manda. E ponto final.

Mais duas passagens sobre o assunto:

Antes, sede uns para com os outros benignos, compassivos, perdoando-vos uns aos outros, como também Deus, em Cristo, vos perdoou. Efésios 4:32

Suportai-vos uns aos outros, perdoai-vos mutuamente, caso alguém tenha motivo de queixa contra outrem. Assim como o Senhor vos perdoou, assim também perdoai vós. Colossenses 3:13

Perdoar é tão importante quanto pedir perdão. É o outro lado da moeda.

Arrependa-se

A ordem de Jesus para perdoar até sete vezes vem enfaticamente acompanhada da condição de o ofensor dizer-se arrependido (veja Lucas 17:3-4).

Nas duas passagens citadas por último, embora Paulo não fale explicitamente, a questão do arrependimento também está presente. É que o apóstolo, para nos incentivar ao perdão, lembra que Deus nos perdoou em Cristo. Ou seja, podemos e devemos comparar o nosso perdão com o perdão de Deus. E o perdão que Deus concede, por meio de Cristo, é claramente condicionado ao arrependimento do pecador. João Batista costumava iniciar a sua pregação dizendo:

Arrependei-vos, porque está próximo o reino dos céus. Mateus 3:2

O próprio Jesus enfatizava claramente a necessidade de arrependimento para salvação (veja Mateus 4:17; 11:20; 12:41).

Portanto, se Deus exige arrependimento para perdoar, e nós devemos nos mirar no perdão dele, é lícito esperarmos arrependimento de quem nos pede perdão.

Nesse ponto, alguém poderá perguntar: "E, se não houver pedido de perdão, ainda sou obrigado a perdoar?". Não há resposta fácil para essa pergunta. De maneira resumida, acho equilibrada a sugestão a seguir.

No sentido de compreender que o ofensor é defeituoso, que você não deve se vingar e que não vai deixar de amá-lo pelo que fez — sim, você deve perdoar. Contudo, isso não significa que você está obrigado a dispensar o ofensor da necessidade de pedir perdão e que deve tocar o relacionamento como se nada tivesse acontecido. Nesse sentido, você *não* deve perdoar. Creio ser lícito e até sábio que o ofendido, almejando restaurar o relacionamento, comunique ao outro que ficará aguardando o pedido de perdão.

Se o marido, por exemplo, após ser grosseiro com a mulher pela manhã, convidá-la para um sorvete à noite sem qualquer referência ao ocorrido, ela faria muito bem em responder: "Obrigada, mas antes de sairmos para passear, acho mais saudável que você resolva a pendência que tem comigo desde aquela explosão na hora do café".

O ofensor deve sentir que o relacionamento sofreu prejuízo, tornou-se embaçado, sem graça. Passou a haver uma pendência no ar. E é ele quem deve tomar a iniciativa de resolver essa questão e restabelecer a antiga comunhão.

Até que isso aconteça, o papel do ofendido é tentar, com muito jeito, levar o outro a *querer* dialogar e buscar entendimento.

Essa postura, fortemente bíblica, é frequentemente mal compreendida. Muitos acham que é anticristão exigir pedido de perdão. Porém, é o contrário: levar o outro à confissão é fazer como o próprio Deus faz. Afinal, quem é que convence o mundo do pecado e leva pecadores ao arrependimento senão o próprio Espírito Santo?

Não apenas no casamento, mas em qualquer área da vida, mostrar que o outro machucou alguém e incitá-lo a reparar o erro é uma forma de ajudá-lo a se aperfeiçoar. É um ato de amor!

Agora, se o pedido de perdão não vier de jeito nenhum, no íntimo devemos terminar por perdoar, confiando que Deus confrontará o outro pela arrogância e dureza.

Voltando à questão do perdoar, seria o caso de concluir que, se há pedido de perdão, então está tudo resolvido, pois o perdão será imediatamente concedido, e tudo voltará à perfeita normalidade? Infelizmente, não é tão simples assim.

Por experiência própria, cada um de nós sabe que, mesmo tendo alguém quebrantado à frente, talvez com lágrimas nos olhos, pedindo perdão, ainda é difícil perdoar. Não há dúvida que temos obrigação de fazê-lo; não há dúvida quanto à sinceridade do outro. Mesmo assim, para constrangimento nosso, temos de reconhecer: É difícil! Vejamos três obstáculos que dificultam a nossa condição de grandes perdoadores.

Orgulho. A Bíblia diz que um "irmão ofendido resiste mais que uma fortaleza; suas contendas são ferrolhos de um castelo" (Pv 18:19). Lamentavelmente, essa tendência de se sentir ofendido geralmente é exacerbada dentro de nós. O orgulho nos torna exageradamente sensíveis. Por qualquer coisa nos sentimos melindrados e terrivelmente magoados: "É interessante: agride, causa-me um grande sofrimento e agora chega cabisbaixo pedindo perdão. Pensa que é só assim?".

Sim, é só assim mesmo! É isso o que Deus espera de nós: um ego menos exigente e uma capacidade muito mais elástica de suportar ofensa.

Pouco amor. Receber perdão é um presente que nunca vem só. Sempre é seguido por uma gostosa sensação de alívio para quem estava sentindo o peso do arrependimento e a necessidade de ser perdoado. Negar perdão, portanto, é deixar o outro irrequieto, desconfortável (embora com a consciência tranquila por havê-lo pedido). Quem ama tem prazer em fazer o bem ao outro. E perdoar é uma das mais poderosas formas de fazer o bem.

Rebeldia. Nossa carne é mestra na arte de justificar desobediência a Deus. Quem, alguma vez na vida, não se sentiu plenamente justificado em se recusar a atender um pedido de perdão? Só que essa é uma falsa sensação, uma vez que Deus ordena o perdão. Esconder um ato de rebeldia a Deus por trás de um aparente bom motivo é um dos mais perversos efeitos do trabalho do diabo em nosso coração.

O casamento onde pelo menos um é lento em perdoar cria pequenas feridas ao longo do relacionamento. Alguns exemplos:

✓ Quem sofreu uma agressão e se recusa a perdoar quando solicitado passa de ofendido a ofensor. Passou a desobedecer a uma obrigação bíblica. E assim vai se formando uma situação estranha e confusa em que fica difícil saber quem magoou e quem foi magoado.

✓ A recusa de conceder perdão é uma ducha de água fria em quem pediu. O ego torna naturalmente difícil para qualquer um pedir perdão. E, quando esse apelo é negado, a barreira cresce ainda mais. Quando cometer outra ofensa, haverá grande resistência para se desculpar novamente, mesmo sabendo que esse é o caminho correto.

✓ O que teve recusado o pedido de perdão se sentirá ele próprio tentado a agir assim, quando, um dia, a situação for inversa, e o outro, arrependido, vier se desculpar.

Essas feridas até que podem ser tratadas e virem a sarar. Contudo, infelizmente, as cicatrizes ficarão lá. Desgastes, crises, discussões acaloradas, rostos molhados vão deixando no casamento marcas difíceis de se apagar. Cicatrizes sempre são feias.

Feliz o casamento em que as atitudes de perdoar e pedir perdão são assumidas com facilidade. De grandes bênçãos esse casal se cobrirá, já que a largueza é o desejo de Cristo para seus discípulos.

Quando Pedro perguntou se deveria perdoar sete vezes o irmão, o Senhor considerou modestíssimo esse número, alargando-o para 490 — o que, na prática, equivaleria a dizer: Não há limites (veja Mateus 18:21-22).

Quando a sua consciência o acusar, quer levada pela própria autocensura ou por uma queixa magoada do cônjuge, nem pisque antes de pedir um sincero perdão. Caso contrário, como você dará contas ao Espírito Santo, que lhe falou à consciência? Você acha que adiantaria alguma desculpa do tipo: "Mas, Senhor, ela não disse que eu a magoei!".

O próprio Deus bem poderia redarguir a você: "Se ela não disse, **eu** o fiz! Você precisa de alguém maior do que **Eu** para lhe falar? E Eu sei que a sua consciência o acusou. Posso dizer até a hora, minutos e segundos. Foi o **Meu** Espírito quem operou isso em você. Vamos, pare de discutir comigo e peça perdão logo!".

Como autor, sinto-me esperançoso e feliz só em imaginar a possibilidade de alguns nem conseguirem terminar este livro antes de sair correndo para o seu querido ou a sua amada e perfumarem o relacionamento com o mais autêntico e sincero perdão. Para a glória de Deus!

O último conselho para que o casal seja "bom de briga", no sentido cristão, é aplicável para *depois* da briga. Discussão, amargura, conversas, confissões, perdão nos dois lados e, pronto — a crise passou. Quer dizer, passou *oficialmente*. No entanto, nenhum dos dois deixará de sentir, logo de cara, que o clima ficou meio sem graça. Quem dera voltasse aquela comunhão gostosa, cheia de harmonia, bate-papos, risadas, carinhos travessos e sexo. É isso o que você deseja? Pois...

Seja o primeiro a quebrar o gelo

Essa fase é difícil. O diabo ainda não se conformou em ter perdido uma boa oportunidade de perturbar a paz do casal. O egocentrismo de cada um, ainda sentindo o gosto amargo da derrota, fica ansioso para fazer retornar o clima tenso e mostrar quem manda. Um cabo de guerra se forma dentro de cada coração.

—Tudo bem, eu perdoei — pensa ele. Agora ela que tome a iniciativa e me dê um abraço, pegue na minha mão, sei lá.

O pensamento dela vai na direção contrária: "Puxa, depois de eu me rebaixar tanto, custaria ele dar ao menos o primeiro sorriso?".

É um momento crucial, em que o "corretamente técnico" do acerto precisará se transformar no "gostosamente agradável" da harmonia natural. O tempo é fator importante nesse contexto. O gelo precisa ser quebrado — e rápido! Sabe o que acontece quando pedaços de gelo voltam para a geladeira? "Colam" novamente um no outro e voltam a ser como antes!

Um dos dois precisa tomar a iniciativa. Sem pensar muito, sem racionar, sem questionar, apenas se deixando levar pelo Espírito Santo.

Porém, esse passo, aparentemente tão simples, não é fácil de ser tomado. Pela resistência ao orgulho, infelizmente pode levar horas para acontecer. Talvez dias. Enquanto isso, apenas uma bandeira branca e fria levantada, sem nenhum calor entre os dois.

Quem tiver a felicidade de agir primeiro, logo perceberá que bastou um cheiro no rosto, uma cabeça reclinada no ombro, um sussurro no ouvido, para que aquela paz recente e frágil adquirisse raízes rapidamente.

Cheguei à igreja, para mais um dia de trabalho. Estava meio sem graça. Antes de sair de casa, eu e Sandra havíamos nos entendido depois de uma briga. Formalmente estava tudo resolvido, mas eu sabia que ainda estava longe do clima amigo que sempre caracterizou o nosso relacionamento. De repente, chega o zelador da igreja. Trazia na mão um jarrinho de flores para o lavabo recém-construído ao lado do meu gabinete. Entre as flores, um pequenino envelope com o meu nome. Logo reconheci a letra da Sandra. Abri curioso e encontrei o bilhete mais curto e de maior conteúdo que já recebi na vida: "Para o meu amor, com muito amor, do seu amor".

Como por encanto, meu estado desanimado passou, a briga parecia de séculos atrás, e eu fiquei contando os minutos para voltar correndo para casa e abraçar o meu amor!

Tudo o que falamos até aqui poderia se resumir num só verbo: *amar*. Escrevi um pequeno livro com o único objetivo de tentar explicar o que significa o genuíno amor cristão.[3] Amar é uma decisão racional (de querer o bem do outro) acompanhada de um exercício espiritual em que o crente abre a sua alma ao Espírito Santo, visando receber poder do alto para levar a efeito essa decisão.

Procure derramar o seu coração constantemente diante de Deus, pedindo algo como: *Senhor, ajuda-me na decisão de amar o meu cônjuge. Em mim mesmo, não há poder para isso. Se não for pela Tua compaixão e providência, pobre do meu casamento! Na realidade, Senhor, sei que até a minha vontade de amar vem de ti.*

---

[3] CLARK, Mauro. *Você ama de verdade?* — Esgotado no formato impresso, mas disponível gratuitamente em áudio, no site www.falandodecristo.com

3

Crescendo com os conflitos

Todos sabemos que os animais tiram proveito de suas experiências de vida. Não é por acaso que "gato escaldado tem medo de água fria".

Aliás, hoje em dia, até os computadores "aprendem" cada vez mais. É a chamada Inteligencia Artificial (IA). Anos atrás, tomei um susto ao entrar no site de uma gigantesca loja virtual que vende tudo pela Internet. Tão logo a página abriu, lá estava, em letras grandes: *Hello, Mauro!*

Todas as grandes empresas on-line utilizam programas sofisticados para fazer um perfil de cada cliente — o que compra, quando compra, quanto compra, de onde compra! O objetivo não é apenas servir bem, mas aproveitar cada transação para aumentar o banco de dados do cliente e poder oferecer exatamente aquilo de que ele precisa (ou, pelo menos, pensa que precisa!), tudo visando evidentemente "arrancar" mais dinheiro dele.

Quanto a nós, casados, não devemos ficar satisfeitos em apenas nos preparar para resolver a briga de hoje. Devemos *aprender* com cada uma delas. Uma crise a mais, resolvida de maneira bíblica, é como uma vitamina para melhor enfrentar a próxima. Aliás, mais que isso: uma vitamina para qualquer área da vida espiritual. É claro que ninguém quer briga. Ninguém gosta de briga. Todavia, uma vez que elas virão de qualquer modo, pelo menos aprendamos alguma coisa com elas. Aprender como? Examinando *pontos positivos* que existem numa briga.

E será que existe alguma coisa positiva numa briga? À primeira vista, parece que a briga só traz desvantagem, prejuízos, danos. Contudo, se olharmos melhor, veremos que cada casal pode, sim, aproveitar uma briga para crescer com ela! Pode até parecer um paradoxo. Porém, sendo ou não, o fato é que todo conflito é matéria-prima para crescimento na relação conjugal.

Vejamos algumas vantagens ou pontos positivos que as brigas podem trazer para o casamento.

Os conflitos obrigam o casal a valer-se mais do diálogo

Sei que "obrigar" é um conceito forte, mas insisto que é o caso aqui. Numa briga, o casal está numa situação de impasse: chateado um com o outro, talvez com raiva mesmo, sem querer olhar no olho, emoções a mil, raciocínio quase a zero, palavras ásperas, semblantes carregados. Se há um caminho sábio a ser tomado nesses momentos, este é o do diálogo.

É uma ótima oportunidade para cada um expor os próprios pontos de vista, preferências, elogios e críticas mútuas, dúvidas, desejos, sonhos, medos, planos, tudo — de maneira que venham à tona as afinidades do casal, as discordâncias, os impasses, os planejamentos e as soluções.

Essa conversa pode fluir de maneira natural ou ser formalmente planejada. Pode se realizar num clima amigável ou tenso. Não importa. O importante é que marido e mulher tenham a oportunidade de se entenderem, expondo, de maneira franca, séria, honesta, o que acharem necessário para o aperfeiçoamento da união.

Em minha experiência pastoral com casais, além do aprendizado em estudos, leituras e conversas com colegas, não creio ser exagero dizer que a grande maioria dos casais pratica o diálogo de modo bem insatisfatório. E essa realidade é devastadora para um saudável relacionamento a dois.

Conhecer bem o corpo do outro, a personalidade, as preferências, as manias — nada disso contribui para a capacidade de sondar o coração! É certo que a intensa convivência gera uma familiaridade profunda, podendo até acertar às vezes alguns sentimentos e pensamentos do outro. No entanto, saber o que realmente se passa lá no íntimo do cônjuge, só se este disser com as próprias palavras. Somente cada pessoa pode falar dos próprios gostos, sentimentos, áreas sensíveis, alegrias, tristezas, medos, qualquer coisa que pertença ao coração. E é exatamente aí onde entra o poder do diálogo!

O conhecimento seguro do íntimo do outro fortifica o alicerce que sustenta aquele casamento. E esse conhecimento mútuo aumenta a cumplicidade do casal, um fator crucial no relacionamento. É de onde nascem aqueles segredinhos que somente os dois entendem. O nome de uma flor, o cheiro de um perfume, a pronúncia de uma palavra — coisas banais para os outros — podem se tornar altamente significativos e agradáveis ao casal.

Portanto, qualquer coisa (mesmo desagradável e indesejável) que "empurre" o casal para o diálogo, termina se tornando útil. Nem que seja… uma briga!

Os conflitos ajudam a sarjar, purificar, limpar o coração dos dois

O princípio bíblico de ser "pronto para ouvir, tardio para falar" (Tg 1:19), geralmente é associado com a prudência. Quem ouve muito diminui a probabilidade de dizer o que não deve e ainda se coloca numa posição privilegiada de ficar sabendo o que os outros estão pensando. Uma atitude altamente sensata.

Todavia, além disso, ser bom ouvinte é recomendável também por outro motivo pouco percebido. É que, não apenas no casamento, mas na vida em geral, faz parte do amor cristão satisfazer a carência do próximo. E, nesses dias de correria quase enlouquecida, rotinas puxadas ao limite, dia a dia sufocado por afazeres, uma das maiores carências humanas é simplesmente ter alguém para escutar. Ouvir, portanto, torna-se um puro ato de amor! Para quem precisa falar, abrir o coração é extremamente benéfico encontrar alguém que tenha a compaixão de lhe proporcionar um ouvido atento.

Quando sabemos que um irmão está hospitalizado, logo surge a ideia de visitá-lo. Alteramos a agenda cheia, reorganizamos os compromissos e dedicamos ao outro um valioso pedaço de um produto de que dispomos tão pouco: o tempo. E o nosso nobre gesto certamente fará muito bem ao outro. Contudo, talvez não nos ocorra que, mesmo que não tivesse ocorrido acidente algum, aquela pessoa poderia estar enfrentando dificuldades, andando meio sem rumo, carente, altamente necessitada de alguém para ouvi-la. Nesse caso, não deveria ser necessário um acidente para nos dispormos a ajudá-la. Teria todo o sentido oferecer uma visita à casa dela para um simples bate papo, tomando um cafezinho. A oportunidade de falar, desabafar, abrir o coração, provavelmente teria sido muito mais útil ao coração daquela pessoa do que a própria visita no hospital!

Acho que muita gente deixaria de ir ao consultório do analista, se apenas tivesse quem o ouvisse mais — em casa, no trabalho, na igreja, na vida.

Talvez poucos percebam o valor psicológico que teve para Jó a oportunidade de ser ouvido pelos amigos Elifaz, Bildade e Zofar.

Sim, é certo que não entenderam a essência do que estava acontecendo, deram maus conselhos, irritaram profundamente Jó e terminaram sendo repreendidos por Deus. Entretanto, isso apenas ressalta o tamanho da necessidade de Jó em ser ouvido por alguém no meio daquela terrível situação. Mesmo desesperado pela falta de compreensão dos três, Jó não esconde a profunda necessidade de falar, argumentar, desabafar. Veja o que ele disse:

Ouvi atentamente as minhas razões, e já isso me será a vossa consolação. Jó 21:2

Essa passagem é uma joia de ensino. Jó pede duas vezes seguidas, praticamente *implora* que os amigos o escutem e ainda explica o motivo: somente o fato de ser ouvido já seria motivo de consolação.

Voltemos à realidade do casamento. É inevitável que a relação sofra um desgaste diário causado pelo corre-corre, as obrigações profissionais, as contas a pagar, as idas e vindas com os compromissos dos filhos, enfim, o sufoco desta vida debaixo do Sol. Tudo isso termina ofuscando a percepção de que o outro pode estar precisando de atenção, talvez desesperado por um ouvido atento e um coração receptivo. A simples presença ou ausência dessa percepção pode determinar a diferença entre um relacionamento agradável ou irritante, talvez muito sofrido.

Qualquer ocasião que surja para um ouvir o outro ou ambos se ouvirem entre si deve ser aproveitada com a rapidez de um gato. Essa oportunidade pode se tornar em moedas de ouro no patrimônio do relacionamento.

Pois uma briga, por estranho que possa parecer, sempre é uma oportunidade dessa, um campo fértil para a necessidade de falar e ouvir. Pela sua própria natureza, uma briga se torna matéria-prima para explicações, satisfações, desabafos, revelações pessoais, confissões. Tudo isso tem enorme potencial para fazer muito bem a ambos.

Por isso é tão comum que uma briga, pouco a pouco, vá perdendo a força à medida que a conversa se aprofunda, os ânimos se acalmam e a bendita ideia de pedir e conceder perdão começa a surgir no horizonte.

Essa mudança de clima não necessariamente ocorre no próprio momento da briga, e talvez seja até melhor assim, pois geralmente os ânimos estão exaltados, a cabeça quente, os tons ofensivos. Uma pausa de algumas horas ou mesmo dias (espero que não de semanas!) certamente tornará o clima mais pacífico, as mentes mais calmas, os corações mais dispostos a se abrirem. É, nesses momentos, que surge material importantíssimo para o outro ouvir. Hora de deixar sair mágoas, tristezas, queixas, frustrações, medos, até mesmo pendências de anos.

A propósito, abro aqui um parêntese. Essas questões antigas e mal resolvidas costumam surgir inesperadamente no meio da briga como um tiro disparado à queima roupa, deixando o outro zonzo, ultra-irritado e já se preparando para dar o troco: dois "tiros"! Embora seja uma situação perigosa, esse momento, paradoxalmente, poderá se tornar o mais valioso da briga.

É perigoso porque a temperatura, já bem elevada, vai às alturas. Se o conflito estava desagradável e difícil, agora ficou pior, com a repentina introdução de um assunto que não tinha nada a ver com o outro. E mais: aquele que falou revela que ainda guardava mágoa por algo passado que o outro pensava já estar resolvido. Ou seja, teria de tratar tudo de novo; só que agora tendo de somar com as questões que causaram a briga ainda em pleno andamento. Que confusão! Gasolina pura derramada no incêndio, balde ainda balançando na mão do diabo. Hora de respirar fundo e orar "à la" Neemias, que pediu ajuda a Deus enquanto falava com o rei (veja Neemias 2:4-5). Hora de falar com calma: "Eu não sabia que esse assunto ainda chateava você. Não trataremos dele agora, pois temos este outro para resolver. Porém, prometo que brevemente retornaremos a ele".

Conforme falei, esse momento de altíssima tensão poderá, por outro lado, revelar-se o mais valioso daquela situação conflituosa! É que tornou possível evidenciar que ainda havia pendência no coração daquele que tocou no assunto. E ali poderia estar precisamente a causa de mau humor, desânimo, até agressividade do outro desde a época. De repente, esse "nervo exposto" na relação ficou à vista e, no momento oportuno, poderá ser tratado definitivamente. Uma chance extra, um bônus que aquela briga trouxe para ajudar o relacionamento a voltar à harmonia naquele lar.

Fechando o parêntese quanto a pendências antigas que surgem no meio de uma briga, voltemos ao ponto em que o clima amainou, e agora cada um está calmo e disposto a ouvir o outro. Se uma foto fosse tirada ali mesmo, bem que poderia ir para o álbum do casal. Pode parecer exagero, mas esse é um momento que merece ser recordado. Não é todo dia que os dois estão de frente um para o outro, iniciando uma conversa séria, com os corações desejosos e preparados para dissolverem um impasse.

E chega a hora de sair o que precisa ser drenado, talvez algum pus que havia na ferida do coração de um, ou de outro, ou de ambos. Hora de cada um deixar o outro falar e exercer a difícil faculdade de ouvir. Certamente terá de escutar reclamações, críticas, coisas desagradáveis e que "arranham" os ouvidos. Não importa. É preciso ter paciência, autocontrole e saber aguardar a própria vez de falar. E assim, pouco a pouco, as cartas vão sendo postas na mesa, o casal decidido a enfrentar e resolver cada problema, ansiando pela volta à paz, talvez até já vislumbrando o momento de sorrirem e se abraçarem com força.

E é exatamente o que farão, sentindo-se leves como uma pluma e dando graças a Deus pelo final daquela crise amarga. São momentos de intensa alegria, extremamente agradáveis e valiosos na vida a dois.

É evidente o benefício que aquela briga proporcionou, ao dar oportunidade para o casal entrar numa fase de relacionamento ainda melhor do que a anterior. Digo melhor porque, mesmo que estivesse bem antes da briga, poderia haver, de uma ou de ambas as partes, alguns grãozinhos de mágoa ou tristeza de desentendimentos anteriores que não chegava a evitar o bom andamento da relação, todavia incomodava de vez em quando. Como fantasma, aqui e ali, a lembrança daquela pendência aparecia, incomodava, mas logo sumia. E agora, finalmente, chegou o momento de tratar de vez também essa velha ferida.

Seja como for, com os corações sarjados e limpos de novas ou antigas feridas, o casal está em plenas condições de continuar seguindo com a sua história de amor.

Os conflitos exercitam o casal a praticar as virtudes cristãs no casamento

A Bíblia diz que faz parte do trabalho de Deus provar o crente. Entre muitas citações, escolhi uma:

> *Pelo contrário, visto que fomos aprovados por Deus, a ponto de nos confiar ele o evangelho, assim falamos, não para que agrademos a homens, e sim a Deus, que prova o nosso coração.*
> 1 Tessalonicenses 2:4

O verbo grego traduzido por "provar" significa testar, examinar, verificar se algo é genuíno ou não".[4]

---

[4] Léxico Hebraico, Aramaico e Grego de Strong

A rigor, Deus não precisa fazer isso, pois Ele sabe exatamente como seria a atitude de alguém em qualquer situação. Contudo, Ele se agrada de ver na prática como cada um reage, mostrando força ou fraqueza, fidelidade ou infidelidade, coragem ou covardia. Tudo em amor, para o nosso bem. O fato é que faz parte do trabalho de Deus aperfeiçoar o crente no exercício das virtudes cristãs por meio de provações. Entre elas, estão as brigas.

Comentei anteriormente que as brigas se constituem em boa oportunidade para o Espírito Santo exercer pressão sobre nós, para praticarmos virtudes cristãs. Seriam momentos valiosos de recebermos dele poder para produzir o fruto (ou partes do fruto) do Espírito. Pena que uma briga tem a tendência infeliz de aumentar a nossa resistência em exercer essas virtudes. Seja por raiva, birra, orgulho, egocentrismo, o que for.

Em plena discussão, um afirma categoricamente: "Nesse ponto, você errou!".

Achando bom ou ruim, se o outro, no fundo da consciência, concordar com essa afirmação, terá somente uma saída digna e cristã: ser humilde e reconhecer o erro. E, nos segundos que se passarem entre a convicção de que errou e a devida confissão, ele estará sob o olhar interessadíssimo de Deus, em plena provação! À sua frente, as opções bifurcadas da hipocrisia ou da honestidade, da dureza de coração ou de um íntimo obediente e humilde.

Se for sábio para tomar o caminho correto, terá se fortalecido espiritualmente em plena briga! A prática do fruto do Espírito é vital — não somente para o casamento, mas para toda a abrangência da vida cristã.

Ele já explicou quatro vezes para a esposa porque agiu daquela maneira. Só que ela não entende e continua queixosa. Agora é ele quem não compreende a explicação dela. À frente de ambos, está a dura realidade de que o homem e a mulher veem, raciocinam, avaliam e sentem as coisas de maneiras diferentes. A vontade de ambos é desistir, desaparecer, chorar, explodir. Todavia, cada um sabe que nada disso resolve. E que a solução é ter paciência. É isso mesmo: a velha virtude da *paciência*.

Seria o caso de o marido insistir e tentar explicar pela quinta vez? Ou procurar mostrar de uma forma totalmente diferente? Ou ambos combinarem em deixar para resolver essa pendência em outra oportunidade? Não há uma resposta certa. Cada caso é um caso; que usem a criatividade. Seja como for, é somente com muita paciência que conseguirão desatar esse nó, antes que fique tão apertado e tenham de cortar com tesoura, a custo de grande prejuízo. O fato é que, em todo esse processo, o casal será provado quanto ao uso dessa virtude tão exortada e valorizada pela Bíblia.

Muitos outros exemplos poderiam ser citados de situações em que o casal é testado por Deus durante uma briga. Entretanto, esses devem bastar para o nosso objetivo.

Sobrar virtudes cristãs na Lua de Mel ou quando está tudo maravilhoso e romântico é fácil. No entanto, essa bonança pode se transformar instantaneamente em teste dificílimo, quando a carne de repente desperta em um ou em ambos, aflorando e querendo "dar as cartas". E para isso basta uma irritante dor de dente, uma toalha molhada na cama, um café servido frio, a nota baixa do filho, uma palavra mal colocada e... eu poderia passar o resto do livro alistando situações que servem como centelha para explodir uma porção de pólvora contida num pedaço carnal do coração.

Quando chega um teste, essa centelha não pode acender. Caso aconteça, tem de ser apagada com urgência, antes que o estrago seja feito. Em momentos assim, compete ao crente usar todos os recursos da sua capacidade espiritual, valendo-se de uma parceria misteriosa das suas próprias forças com a capacitação fornecida pelo Espírito Santo.

Sabemos que reprovação nos testes de Deus poderá resultar em disciplina, geralmente em forma de situações difíceis e sofrimentos. No âmbito do casamento, não haveria de ser diferente.

Se, ao longo de uma briga, um ou ambos os cônjuges se comportarem de modo insatisfatório diante de Deus, corações duros, lerdos e resistentes ao uso das virtudes cristãs, possivelmente o casal terá de enfrentar duras lições a serem aplicadas no próprio casamento. Lições sempre benignas — nunca esqueçamos —, mas sofridas. Palmada sempre doeu!

Seja como for, de teste em teste, com as inevitáveis vitórias e derrotas, o casal vai aperfeiçoando a sua vida conjugal, tornando mais santificada a convivência.

E agora vem uma espécie de bônus: se o casal tem a sabedoria de aperfeiçoar o relacionamento conjugal durante as brigas, adquirindo cada vez mais o fruto do Espírito, esse ganho será utilizado por ambos na vida em geral. Os relacionamentos com as pessoas vão sendo enriquecidos com os benefícios desse crescimento. Marido e mulher vão se tornando crentes mais robustos, imitadores mais fiéis de Cristo.

As brigas conjugais, portanto, desagradáveis que sejam, terminam se constituindo um meio propício para Deus provar o casal. Compete ao casal ter sabedoria para transformar essas provas em ricas fontes de aprendizado, aproveitando para absorver virtudes maravilhosas que poderão fluir do Espírito Santo para a alma dos dois.

Os conflitos contribuem para uma melhor convivência das duas vontades

Uma queixa comum entre jovens casais é a briga causada por vontades opostas. Cada um quer que o seu desejo seja cumprido, e nenhum dos dois está disposto a ceder.

—Neste feriado eu quero ir para a praia.
—De novo? Não! Desta vez vamos subir a serra, sou louco por aquele friozinho!
—Negativo! Você sabe que eu morro de tédio naquele fim de mundo.

Mais uma briga chegando. Mais uma bomba armada e colocada furtivamente pelo inimigo na porta do casal. Se forem novatos no casamento, logo tentarão convencer um ao outro de que não foram assim tantas vezes para a praia, ou que a serra não é tão fria, ou qualquer argumento que procure mudar as preferências pessoais do outro. Em pouco tempo, verão que essa opção é altamente frustrante e, quando menos perceberem, a bomba terá explodido numa briga.

A vida a dois é um exercício ininterrupto na complexa tarefa de conciliação de vontades — uma luta que começa no dia do casamento e termina... no último!

Às vezes, os desejos até que conseguirão se harmonizar com algum esforço. Todavia, haverá momentos em que as duas vontades terminarão se confrontando, como dois carneiros com os chifres enroscados.

Embora doloridas, essas brigas terminarão mostrando que não funciona a tentativa de um eliminar certas vontades do outro. Mesmo com um alto custo de tristezas e mágoas, as brigas trazem o benefício de ensinar os cônjuges, "na marra", a tentarem harmonizar as forças opostas no dia a dia do casal. De tanto se confrontarem, terminarão verificando que é possível, sim, viver em paz hoje, fazendo o que um prefere e, amanhã, agradando o outro. É uma grande conquista quando o casal atinge esse nível de maturidade.

Uma parede de tijolos, mesmo bem rebocada, continua áspera e irregular para receber uma pintura de qualidade. É hora de passar massa plástica que, depois de endurecida, será vigorosamente lixada. O atrito terminará tornando a parede perfeitamente plana e lisa. Somente nesse momento vem a fina camada de pintura, quando a parede ganhará cor e vida. Todo esse processo não pode ser feito às pressas, exige paciência, habilidade e agudo senso de observação de um bom pintor.

Comparo as brigas com momentos de passar uma lixa numa "parede" do casamento que está meio desgastada pela luta das duas vontades. O atrito da lixa será grande, produzindo muita poeira, mas a relação conjugal perderá algumas irregularidades e se tornará mais lisa e plana, pronta para receber mais uma mão de serenidade, amadurecimento, compreensão mútua e harmonia.

Os conflitos equipam o casal a adquirir experiência para ajudar outros casais

Quando aconselho um casal que está sofrendo com as brigas, às vezes, tenho a sensação de que eles saem de lá pensando: *Esse pastor é abençoado! Cada conselho precioso que ele nos deu!*

Gênio nada! Os bons conselhos vieram do aprendizado com brigas — todas elas desagradáveis, ruins, sofridas. Há quarenta e sete anos sou casado com uma mulher maravilhosa, minha Sandrinha, com quem tenho aprendido muito — aprendido até mesmo... a brigar! Sim, claro que somos defeituosos. Entretanto, o amor que temos um pelo outro, embora não suficiente para eliminar totalmente as nossas falhas, permite-nos suportar firmemente as pressões das brigas e aprender com elas!

Houve crises em que procedi mal e com falta de sabedoria. Em outras, ela é que não se saiu tão bem. E assim vamos construindo sobre os erros passados e nos tornando cada dia mais experientes em enfrentar as desavenças.

É inevitável, portanto, que nos tornemos cada vez mais habilitados a dizer para um casal mais novo: "Não façam assim! Não é por aí! Entramos numa situação semelhante trinta anos atrás, e foi uma confusão! Que tal esse caminho? Já experimentaram assim? Tentem essa ideia...".

E não precisa ser um casal que está chegando nas bodas de ouro, cujo marido é pastor, para adquirir a bendita condição de poder ajudar outros casais, especialmente mais novos. Esse privilégio está ao alcance de qualquer casal crente, maduro, que encara com seriedade o crescimento espiritual, incluindo o aperfeiçoamento constante do próprio casamento.

Um casal assim poderá entrar naturalmente na mira de um casal menos experiente que está em crise e procura um conselho, mesmo informalmente. Não é sempre que um marido, ou uma esposa, ou mesmo o casal em conjunto, se dispõe a procurar o pastor e agendar um aconselhamento no gabinete. Alguns preferem uma conversa mais informal, mais leve, mais descompromissada.

É uma bela cena imaginar um jovem casal, meio sem jeito, um segurando nervosamente a mão do outro, aproximar-se do casal que está beirando a meia idade e sussurrar:

—Irmãos, estamos passando por algumas dificuldades de relacionamento, e vocês... são tão bem-casados! Vimos pedir que nos ajudem. Será que poderíamos marcar uma conversa?

—Claro, será uma honra! Terça-feira à noite, pode ser?

E essa não é uma situação romantizada e teórica. É bem real. Ajudas assim entre casais acontecem às vezes, com discrição, sem que outros nem saibam.

Observe o detalhe do casal ser procurado para ajudar porque é "bem-casado". E quem disse que ser bem-casado é nunca brigar, nunca ter discussões tensas, nunca ficar "olhando de lado" para não encarar o outro por algumas horas ou dias? Um casal maduro certamente enfrentou tudo isso e poderia apresentar uma longa lista de desentendimentos passados e, talvez, alguns ainda presentes. E, se os dois continuam em harmonia, é porque estão conseguindo vencer as crises!

Uma consequência disso, extremamente benéfica, é que as brigas terminaram se tornando um patrimônio valioso a ser investido no casamento de outros! Além de terem contribuído para aperfeiçoar o casamento em si, as brigas se tornaram matéria-prima para se transformar em serviço cristão!

Levai as cargas uns dos outros e, assim, cumprireis a lei de Cristo. Gálatas 6:2

Um casal que ajuda outro a levar as cargas de uma difícil relação conjugal, está agradando a Deus e, de quebra, tendo o sublime prazer de fazer uma diferença benigna na vida do outro casal.

Fico alegre quando tomo conhecimento que algum casal com dificuldades procurou não a mim, contudo um outro casal para conversar. Feliz da igreja que dispõe de casais maduros que podem desempenhar essa nobre ajuda. É de deixar o pastor muito orgulhoso!

Os conflitos comprovam ao casal a própria incapacidade de produzir um casamento melhor, levando-o a jogar-se cada vez mais nos braços de Cristo

Essa é uma das vantagens mais espetaculares que vejo nas brigas dentro do casamento. Há pouco mais de uma semana, o casal teve uma discussão, criou uma situação desagradável dentro de casa, porém se perdoaram, abraçaram-se e se reconciliaram. Todavia, uma nova briga surge e ela vem a galope na seguinte frase: "Olha, eu não queria voltar a brigar com você, mas assim fica difícil, você não aprende...". A partir daí, já sabemos o que acontecerá.

Cada briga com o seu cônjuge é uma humilhação à qual você se submete, é uma violência contra o *seu próprio* coração. Afinal, você não ama o seu esposo? Você não ama a sua esposa? Pois saiba que a briga entre vocês é constrangedora, deprimente e vergonhosa diante de Jesus Cristo.

As brigas comprovam que, embora justificados diante de Deus e salvos pela graça, vocês ainda convivem com uma natureza pecaminosa e travam uma terrível luta da carne contra o espírito:

Porque a carne luta contra o Espírito, e o Espírito luta contra a carne, porque são opostos entre si, para que vocês não façam o que querem. Gálatas 5:17 NAA

Vocês ainda não conseguiram o poder de fazer o bem que desejam:

Porque nem mesmo compreendo o meu próprio modo de agir, pois não faço o que prefiro, e sim o que detesto. Ora, se faço o que não quero, concordo com a lei, que é boa. Neste caso, quem faz isso já não sou eu, mas o pecado que habita em mim. Porque eu sei que em mim, isto é, na minha carne, não habita bem nenhum, pois o querer o bem está em mim, mas não o realizá-lo. Porque não faço o bem que eu quero, mas o mal que não quero, esse faço. Mas, se eu faço o que não quero, já não sou eu quem o faz, e sim o pecado que habita em mim. Romanos 7:15-20 NAA

A triste realidade é que, mesmo perdoado em Cristo e filho de Deus, o esposo continua sendo um miserável pecador que ofende a mulher da sua vida, e a esposa expõe o seu pecado ao magoar profundamente o marido a quem alegremente se entrega na cama. O mesmo homem que prometeu amar aquela mulher e a mesma mulher que prometeu respeitar aquele homem agora se machucam profundamente! Como pode? Deprimente! Deprimente, mas real! E que precisa ser encarado e tratado.

Pois as brigas trazem o benefício de obrigar o casal a comprovar essa patética situação e a confessar, contritamente, diante de Deus: *Senhor, Tu viste o tamanho da nossa fragilidade e fraqueza. Prometemos há poucas semanas que não brigaríamos e cá estamos novamente. Tem misericórdia de nós, nos ajuda.*

Por meio das brigas, os dois encontrarão momentos excelentes para se derramar diante do Senhor. Por um lado, reconhecendo-se como miseráveis pecadores; por outro, glorificando a Deus como o único que pode melhorar a relação. Somente o Espírito Santo, que habita nos crentes, pode efetivamente fortalecer o nosso matrimônio.

As brigas são poderosas armas de ataque do diabo, cujo maior estrago no casamento é causar desânimo. E, ao buscar refúgio sob as asas de Cristo, o casal, talvez, sem perceber, evidencia que está disposto a lutar bravamente contra esse mal que ameaça um relacionamento que deverá durar enquanto um dos dois viver.

Feliz do casal que nem pensa em desistir da relação por causa de brigas. Cada cônjuge nunca deve perder a convicção de que foi Deus quem deu um ao outro. Diante das lutas, o caminho seguro é rogar a Cristo que sustente esse casamento, tornando-o não apenas à prova de brigas, porém cada vez mais resistente a elas: *Só Tu, Senhor, podes diminuir as nossas brigas. Podem até não ser tão frequentes, pois nos amamos muito, mas quando vêm, doem demais. Ajuda-nos a brigarmos menos ainda.*

Deixar de recorrer a Cristo, por outro lado, é sentença de morte contra uma vida a dois bem-sucedida.

Se as brigas trazem benefícios, seria o caso de deixar que elas invadam livremente o nosso lar?

De forma nenhuma! Esse é o assunto do próximo capítulo.

4
Evitando as brigas

Ninguém gosta de doenças. Mas... fazer o quê, se elas vêm de um jeito ou de outro? Bem, pelo menos tomar providências para que elas nos deixem o mais rápido possível. Porém, existe uma solução ainda melhor: prevenir! Da mesma forma, as brigas não são objeto de desejo de nenhum casal. Só que elas chegam! E, mesmo que tragam alguns benefícios para o casamento, nenhum casal ajuizado cruzará os braços e deixará, resignadamente, que elas invadam o seu lar! As brigas não são bem-vindas, ponto final.

Contudo, como no caso das doenças, há uma providência ainda mais importante do que saber lidar sabiamente com as brigas: prevenir! Todo casal deve ser perito na arte de evitar brigas.

Neste último capítulo ofereço algumas sugestões para que a bandeira branca não pare de tremular todo dia na sua casa.

Todavia, convém antes lembrar de um fator que pode atrapalhar o esforço de evitar brigas: a influência, no marido, do típico machismo brasileiro.

"Desde pequeno, quando alguém me chamava para uma briga no colégio, eu encarava. Não sou do tipo covarde.

Esse é meu estilo, minha personalidade. Não fujo de briga. Garanto que não irei decepcionar a minha mulher, se ela quiser uma boa briga".

Vejamos o que a Bíblia tem a dizer para o valentão:

Honroso é para o homem o desviar-se de contendas, mas todo insensato se mete em rixas. Provérbios 20:3

Aos olhos de Deus, evitar brigas não é apenas aconselhável, é uma honra! Deus se agrada de quem age de maneira pacífica, contornando as situações de tensão e evitando conflitos. Quanto ao que se mete em briga não é um "machão", mas um insensato deplorável.

Sabemos que ser briguento não é característica somente de homens. Machismo à parte, existem mulheres com personalidade tão forte que adoram brigar, nem que seja com o vento!

Não deveria haver marido ou esposa que se orgulhasse das suas brigas. É arrogante a sensação de "finalmente dei uma rasteira e venci". É pecaminoso o risinho malicioso de "ah, agora te peguei numa mentira".

Não e não! Como cristãos, não queremos brigas. Se vier, vieram, mas faremos de tudo para evitá-las. Mas... como?

Convença-se de que a briga é um mal e, portanto, torne-se inimigo dela

Veja a orientação que Paulo dá a Timóteo sobre o comportamento adequado para um pastor: "Não dado ao vinho, nem violento, porém cordial, **inimigo de conflitos**, não avarento" (1Tm 3:3 ênfase adicionada).

Ao longo do ministério, dificilmente um pastor conseguirá escapar de alguma discussão áspera, uma desavença, um conflito

— seja numa conversa particular em uma reunião de diretoria ou mesmo numa assembleia com toda a igreja. No entanto, nunca ele deverá *desejar* esses confrontos conflituosos. Ao contrário, deverá ser inimigo deles, fazendo o possível para mantê-los bem longe.

Acho apropriado aplicar essas mesmas instruções para os crentes em geral e neste estudo específico aos casais. Marido e mulher devem ser grandes inimigos das brigas. E essa resistência aumentará à medida que o casal se conscientiza do prejuízo que os conflitos podem vir a causar... mesmo que comecem bem pequenos!

Começar uma discussão é como abrir uma represa...
Provérbios 17:14 NAA

Uma pequena brecha numa barragem, se não for consertada, só aumentará com o tempo e chegará ao ponto de ninguém conseguir conter um rompimento total. Do mesmo modo, a briga no casamento começa como uma fissura — talvez a falta de um simples "Bom-dia" — e poderá crescer para discussões acaloradas que trarão crises sérias.

A segunda parte do versículo indica a postura óbvia para quem deseja evitar uma discussão que poderá terminar em briga:

...por isso, desista antes que surja o conflito.
Provérbios 17:14 NAA

Por trás da simples exortação "desista", há uma sutileza valiosa: a necessidade de uma decisão racional:

—Sabe por que não vou iniciar uma discussão com você agora? Porque pensei, avaliei e concluí que não vale a pena. O risco é grande de surgir uma briga. E eu, decididamente, não quero brigar com você! Sei que essa é uma questão de pouca importância e podemos até conversar sobre isso depois, mas, neste momento não há clima propício. Você anda preocupada com a sua saúde, eu bati o carro hoje de manhã, não quero nem pensar se uma briga sair dessa conversa. O ambiente está meio inflamável, não vamos acender um fósforo...

É imenso o poder de uma sábia decisão.

Um exemplo. Tudo o que é ordenado ao ser humano pode se resumir num só verbo: amar. Amar a Deus acima de todas as coisas e ao próximo como a si mesmo. E, mesmo que o verdadeiro amor bíblico seja derramado nos corações pelo Espírito Santo, não anula o fato de que ninguém consegue amar (a Deus ou aos homens) sem uma profunda e comprometida... decisão!

Outro: ninguém gosta de dieta. É muito antinatural e desagradável não comer o que gosta. Os dias se arrastam até chegar o tempo de terminar. Muitos regimes, aliás, são abandonados antes. Contudo, por que tanta gente consegue alcançar o alvo, nadando contra a correnteza do próprio instinto? Por causa de uma poderosa... decisão!

É por meio de decisões, que estabelecemos um rumo certo a seguir. É, por meio de decisões, que marcamos uma referência para a consciência nos acusar ou nos defender. Se valorizássemos mais a eficácia de uma boa decisão, desfrutaríamos de uma vida muito mais equilibrada e saudável — inclusive no casamento.

Voltando à nossa questão, é ótimo que o marido desista de iniciar discussões com a esposa. Não porque *ela* disse que está cansada disso, porém porque *ele* decidiu ser inimigo das brigas. É bom que a esposa se recuse a iniciar um bate-boca não apenas porque leu num livro (inclusive este!), mas porque *ela* decidiu ser inimiga das brigas.

Aprenda a perceber de longe a aproximação de uma briga

Os guias de safáris na África não são úteis simplesmente porque sabem o caminho para onde devem levar os turistas, mas porque conhecem a região tão profundamente que se tornaram peritos em perceber sinais de perigo. Um sutil estalar de galhos pode indicar um leão se aproximando. Um súbito silêncio alerta para um incêndio na redondeza, causador da fuga dos bichos. A capacidade de identificar situações de risco é fundamental na proteção do grupo.

É de se presumir que você conheça bem o seu cônjuge e, portanto, tornou-se perito em identificar nele sinais de que algo não está bom.

Ao acordar, o marido logo percebe que o tom do bom dia dela não foi muito doce. Quando ela vê aquele pequeno movimento na sobrancelha do marido, conclui de imediato que tem algo errado.

Quando um percebesse os primeiros sinais de nuvens carregadas se acumulando — sobre a cabeça do outro ou de si próprio — deveria imediatamente lançar mão de todos os esforços para dissipar a tempestade e se recusar a iniciar qualquer assunto sensível que facilmente pudesse fazer cair o primeiro raio.

A familiaridade que faz um cônjuge notar sinais de perigo no outro é a mesma que o tornou perito na arte de agradar-lhe. Portanto, este é o momento de caprichar nessa arte. Talvez ela queira comentar como ficou bonito o cabelo que cortou ontem. Ou lembrar que está pendente aquele jantar no novo restaurante do bairro.

Uma briga a menos por providência de um cônjuge que previu problemas é uma vitória valiosa naquele dia do casal. Bendito o que se esforçou e conseguiu manter a paz.

Entretanto, não é sempre que conseguimos nos sair bem na luta da carne contra o espírito. E há momentos de derrotas fragorosas.

Acho que cada marido ou esposa poderia, sim, confessar ocasiões em que viu uma briga formar-se no horizonte, mas, em vez de tentar dissipá-la, deixou que viesse.

Conta-se que um homem da roça, descansando na sua velha cadeira de embalo, perguntou:

—Mulher, ainda tem aqui em casa aquele remédio para veneno de cobra?

—Tem um resto, sim, por quê?

—Estou vendo ali uma cascavel e parece que ela está vindo direto na minha direção.

Podemos rir, mas o fato é que muitos de nós casados já agimos exatamente como aquele inveterado preguiçoso. Por comodismo ou falta de ação, vimos uma briga se arrastando lentamente em nossa direção, ameaçadora e perigosa, e o que fizemos foi... absolutamente nada. Depois pensaríamos em conseguir algum antídoto — se houvesse! Que papelão!

Porém, há situações ainda mais deprimentes.

É quando percebemos que o outro está começando a se pintar para a guerra. E, em vez de tentar desencorajar o guerreiro, fazemos o contrário:

—Por que palavras tão duras contra mim? O que foi que eu lhe fiz? Estou quieto, e você vem me agredir. Se você quer briga, é o que terá. Não sou de aguentar grosseria calado.

O próprio Senhor Jesus suportou bofetadas e até cuspe no rosto, e você não é capaz de ouvir um desaforo da esposa — talvez desesperada de enxaqueca —, ou do marido — com problemas no trabalho?

É vergonhoso, mas às vezes chegamos ao cúmulo de transformar *sinais* de perigo em *certeza*, e o que era uma ameaça de briga virou uma triste realidade. E a nossa paz? Entregamos de bandeja... para o diabo!

Escolha as palavras com cuidado

Já alertei sobre o cuidado com as palavras durante uma briga. Agora enfatizo a mesma cautela antes da briga, com a finalidade de evitar que ela aconteça.

Palavras agradáveis são como favo de mel: doces para a alma e medicina para o corpo. Provérbios 16:24

Para mim, este versículo tem o mesmo sentido de: "Palavras agradáveis são como leite condensado". Imagino que Salomão era tão fascinado por mel como eu sou por leite condensado. E pensou numa comida doce e deliciosa. Pois é exatamente esse sentimento que as palavras agradáveis nos despertam: são doces para a alma e medicina para o corpo!

São palavras assim que devem adoçar o casamento, cultivadas na convivência do dia a dia, criando uma rotina gostosa entre o casal.

E não é somente durante as brigas (quando o momento já está delicado) que devemos incluir favos de mel na relação, mas em qualquer hora, qualquer lugar.

Interessante! Quem fala aqui na importância de palavras agradáveis é um homem que viveu mil anos antes de Cristo, numa época violenta, cheia de guerras. Salomão mesmo não foi um rei de batalhas, mas o seu próprio pai, Davi, foi impedido por Deus de construir o templo porque havia derramado muito sangue. Pois, mesmo assim, envolvido por um contexto tão feroz, Salomão fez questão de salientar a importância da doçura no trato.

Independentemente de épocas, o Deus eterno, Criador de todos os seres humanos, gostaria que todos se tratassem de maneira extremamente cordial, pois isso faz bem à alma.

Na carta ao jovem Timóteo, Paulo exorta:

O servo do Senhor não deve andar metido em brigas, mas deve ser brando para com todos, apto para ensinar, paciente.
2 Timóteo 2:24 NAA

Embora a passagem se refira especialmente a pastores e líderes, penso que pode ser aplicada a todo crente — homens e mulheres — em todas as esferas de relacionamento. Dentro do mesmo tom, Provérbios nos brinda com essa pérola de princípio:

A língua serena é árvore de vida, mas a perversa quebranta o espírito. Provérbios 15:4

Palavras cuidadosas transmitem vida no sentido de ânimo, alegria, harmonia. Palavras ruins quebram, maltratam, entristecem. No seu próprio casamento, pense em quantas brigas se originaram exatamente de palavras mal colocadas. Sem dúvida, atitudes e gestos contribuem muito para as rixas, porém palavras rudes geralmente são as grandes responsáveis. O simples uso de expressões gentis e cuidadosas já poderia garantir uma redução drástica nas brigas do casal.

Na vida a dois, a brandura deve estar presente no café da manhã, a cordialidade no almoço e a consideração no jantar. Todos os dias — não apenas no aniversário de um ou nas datas comemorativas do casamento.

Sei que há homens naturalmente afáveis e que não têm dificuldade alguma no uso de palavras agradáveis e mesmo carinhosas. E aqui presto a eles uma homenagem.

Todavia, também existem os durões — ou pela própria personalidade, ou por acharem que delicadeza não fica bem num "homem de verdade", que isso é coisa de mulher. Bem fariam esses "machões" em perceber o quão ridícula é essa postura. Que não se confunda masculinidade com indelicadeza ou mesmo grosseria. A brandura sempre cai muito, muito bem... até num campeão de caratê.

Quando seu cônjuge for grosseiro, veja isso como um tropeço dele e procure ajudá-lo

Esse é um princípio muito difícil de seguir. O motivo é simples. Quando um cônjuge é desrespeitado, magoado ou ofendido, é com a velocidade da luz que o seu ego o declara vítima e decreta que o culpado seja exemplarmente punido.

Essa situação é mais complexa do que parece. Há, sim, um certo sentido não apenas em identificar o outro como ofensor, mas também em esperar que ele seja punido. A própria Bíblia garante que todas as transgressões serão devidamente cobradas. Nas bem-aventuranças do Sermão do Monte, Jesus incluiu os que têm fome e sede justiça. Por quê? "Porque serão saciados" (Mt 5:6 NAA). E a certeza disso produz felicidade.

A questão é que ninguém está autorizado a ser o seu próprio vingador. Essa atribuição é repetidamente atribuída a um só: o próprio Deus![5]

O problema é que a natureza carnal do agredido se aproveita do (legítimo) sentimento ferido para convencê-lo de que está justificado em praticar o (ilegítimo) ato de se vingar! E o leva a devolver as ofensas ao cônjuge na mesma moeda. Grito com grito. Xingamento com xingamento. Cinismo com cinismo.

---

[5] Para certas situações, Deus concede ao Estado, por meio de autoridades constituídas, a condição de julgar crimes e executar a pena — mesmo assim, de maneira limitada e sem nunca autorizar que a justiça seja feita pelas próprias mãos do indivíduo ofendido.

Quando tropeça nessa armadilha, antes mesmo de atingir o chão, a vítima já passou a agressora! Agora é a vez de o outro sentir-se vítima! Fecha-se o ciclo infeliz e confuso em que tanto o marido quanto a mulher se tornaram ofendidos e ofensores. Cena perfeitamente montada para uma boa briga... boa para o diabo, evidentemente!

A melhor maneira de resolver situações assim é o cônjuge insultado controlar-se, não revidar, calmamente tentar mostrar o erro do outro e, independentemente do que vier de lá, entregar o assunto a Deus.

Contudo, existe uma alternativa ainda melhor. É mais sutil e exige muita sensibilidade espiritual do ofendido: antes mesmo de se considerar vítima, compreender que *o outro*, enquanto agride, também está sendo vítima. Vítima da própria carnalidade e, pior, do diabo.

Dias antes havia acontecido o mesmo, ele pediu perdão, disse que a amava. A esposa não teve dúvida da sinceridade, perdoou e se abraçaram. Só que agora ele voltou a cometer exatamente a mesma falta. Novamente cedeu à carne, quebrou a palavra, ofendeu a quem ama imensamente. Talvez, segundos depois, ele até tenha caído em si e começado a odiar o que acabara de fazer. E quem odeia o que faz, sofre. E muito!

Nesse ponto, a esposa estará numa encruzilhada quanto ao padrão que adotará.

Por um lado, vontade de revidar e entrar na briga com palavras cortantes como navalha:

"Engraçado! Há uma semana você estava se derretendo na minha frente e agora me xinga novamente. Hipócrita!".

Por outro lado, ela sabe que o marido *não* foi hipócrita naquela ocasião e que sempre sofreu com o gênio explosivo. Olhando para aquele rosto vermelho cheio de raiva, olhos cuspindo fogo, ela não consegue esquecer que daqueles mesmos olhos saíram recentemente lágrimas sinceras e arrependidas. Ela sabe que seria uma grande vitória espiritual conter o próprio ímpeto de se vingar e olhar para o outro com amor e compaixão. Em vez de um malvado ofensor, ela bem poderia enxergar ali apenas um pobre coitado, mais um pecador que acabou de sofrer um novo ataque do inimigo.

Pois está decidido: ela agirá espiritualmente, absorverá o dano e irá ajudá-lo. E, com a serenidade de quem sabe ter vencido uma luta difícil, inicia o diálogo:

—Há uma semana você sofreu por ter me ofendido, pediu perdão, eu perdoei e agora você faz tudo de novo! Assim fica difícil, não é?

E continua no tom sereno que, nem de longe, se parece com uma discussão acalorada. É o clássico confronto bíblico, que pode ser calmo e, ao mesmo tempo, firme como uma rocha:

"Tudo bem, você reconhecer que está errado e desculpar-se, mas, francamente, isso é o mínimo! Você precisa tomar alguma providência, partir para um esforço sério de tentar superar isso, pelo menos em parte. Peça ajuda, ore mais sobre essa questão, ouça palestras, leia mais a Bíblia e livros sobre o assunto — mas faça alguma coisa! Você sabe que eu o amo e pretendo continuar casada com você por toda a vida. Mas será que conseguirei suportar esse tipo de abuso por muito tempo? Sinceramente, eu não sei, tenho os meus limites. Continuarei orando por você, pedindo que Deus lhe dê mais domínio próprio, enquanto aguardo um novo pedido de perdão."

Esse tipo de reação muito provavelmente tocará fundo o coração do marido, levando-o a desculpar-se, envergonhado e quebrantado. E a briga que, por um triz, explodiu, dissolveu-se. (Esse exemplo ilustra o marido sendo o ofensor, mas bem poderia ser o contrário).

Conheço uma senhora que teve a infelicidade de assistir o marido afundando pouco a pouco na bebida. As bebedeiras e as inevitáveis brigas tornaram-se insuportáveis e, apesar de terem dois filhos, o casal se separou.

Depois de um tempo, já crente, ela começou a perceber que, da sua parte, faltou uma atitude que poderia ter salvado o casamento. Ao mesmo tempo em que ficava irritada, triste ou mesmo desesperada, ela não conseguia ter esperança de alívio naquele sofrimento medonho. Nunca lhe ocorreu olhar por outro ângulo e ver o marido também como uma pobre vítima de um vício. Se tivesse conseguido, com certeza teria partido para a tentativa de ajudá-lo com todas as suas forças. Como ela mesma reconheceu, a falta dessa visão pode ter resultado no fim da união.

Um dos amigos de Jó, antes de repreendê-lo (injustamente), dirige a ele um grande elogio:

As suas palavras sustentaram os que tropeçavam, e você fortaleceu joelhos vacilantes. Jó 4:4 NAA

Não é que Jó tinha a habilidade especial de ver pessoas tropeçando em pedras no meio da rua e corria para não as deixar ir ao chão, e sim que ele era extremamente sensível para perceber tropeços de comportamento, de atitudes, de vida. Ele oferecia não a mão para amparo físico, contudo palavras de conforto e sabedoria que tinham o poder de efetivamente sustentar quem estava caindo.

Cabe aqui uma palavra de alerta. Reconhecer o cônjuge ofensor como vítima do próprio pecado não significa inocentá-lo da sua infeliz agressividade. Uma coisa não anula a outra. É um erro que pode custar caro fazer dele um coitadinho, inocente, que apenas herdou o DNA da mãe grosseirona. Mesmo sem intenção, isso seria encorajar o que é condenável. E coisa perigosa é pecado sem freios. O poder de um confronto bíblico está exatamente na maneira honesta e sincera de como reconhece as virtudes, mas também denuncia os erros.

Quando o seu cônjuge estiver reincidindo em atitudes que a maltratam, talvez a melhor providência seja começar imediatamente a orar, clamando:

Senhor, ele está novamente me fazendo sofrer e eu sei que precisarei confrontá-lo como agressor. Mas, ao mesmo tempo, dá-me olhos de Jó para que eu veja nele uma pobre vítima, mais uma vez tropeçando nesse velho pecado. Ajuda-me a ter domínio próprio, a não partir para uma revanche, e me capacita a sustentá-lo.

Quem conseguir colocar em prática esse complexo equilíbrio... que valiosíssimo segredo terá descoberto para o seu casamento!

Seja perito em Efésios 5:22-33

As mulheres sejam submissas ao seu próprio marido, como ao Senhor; porque o marido é o cabeça da mulher, como também Cristo é o cabeça da igreja, sendo este mesmo o salvador do corpo. Como, porém, a igreja está sujeita a Cristo, assim também as mulheres sejam em tudo submissas ao seu marido. Maridos, amai vossa mulher, como também Cristo amou a igreja e a si mesmo se entregou por ela, para que a santificasse, tendo-a purificado por meio da lavagem de água pela palavra, para a apresentar a si mesmo igreja gloriosa, sem mácula, nem ruga, nem coisa semelhante, porém santa e sem defeito. Assim também os maridos devem amar a sua mulher como ao próprio corpo. Quem ama a esposa a si mesmo se ama. Porque ninguém jamais odiou a própria carne; antes, a alimenta e dela cuida, como também Cristo o faz com a igreja; porque somos membros do seu corpo. Eis por que deixará o homem a seu pai e a sua mãe e se unirá à sua mulher, e se tornarão os dois uma só carne. Grande é este mistério, mas eu me refiro a Cristo e à igreja. Não obstante, vós, cada um de per si também ame a própria esposa como a si mesmo, e a esposa respeite ao marido. Efésios 5:22-33

Quem tem essa passagem no coração e a pratica fielmente pode dispensar todos os livros sobre casamento que já foram escritos na face da Terra!

Reconheço que é uma afirmação exagerada. No entanto, é a minha forma de enfatizar que esse texto, inspirado pelo Espírito Santo, contém a essência de tudo o que Deus quis transmitir sobre o casamento — no ensino de doutrina e nas ordens para o comportamento do casal. Qualquer autor que escreva sobre casamento e pretenda ser fiel às Escrituras, obrigatoriamente terá de estar afinado com a essência de Efésios 5:22-33 — mesmo que trate de detalhes específicos que o trecho não abordou.

Se um casal conseguisse obedecer totalmente ao que é ordenado nessa passagem, jamais brigaria. O fato de essa ser uma situação teórica, enfatiza ainda mais a importância desse texto como um referencial para o casal mirar em busca de uma relação totalmente pacífica.

Em qualquer área da vida, a existência de um *modelo* ajuda quem procura a excelência nos caminhos a seguir. Para o relacionamento matrimonial, esse texto oferece o modelo ideal para os maridos: Jesus Cristo, o esposo perfeito.

Jesus Cristo jamais briga com a Igreja dele (quer em termos da Igreja geral, de igrejas locais ou de crentes individuais). Nunca a ofende, nunca a magoa, nunca a maltrata, nunca a trata nem mesmo com mau humor. Ao contrário, o que tem para ela é amor, proteção, carinho — tudo em estado puro!

(Cabe aqui um parêntese explicativo. Como noiva de Cristo, ainda somos imperfeitos neste mundo, e nos emaranhamos em pecados. E é como *reação* a algum comportamento inadequado da Igreja que Cristo, às vezes, se ira e precisa discipliná-la, permitindo sofrimentos. Mas é importante notar que, quando Ele age assim, não é propriamente como marido, mas *como Deus*. Nessas situações, é como se o Juiz divino que Ele é colocasse em segundo plano o papel dele de esposo. Para melhor compreender isso, basta imaginar como seria de extremo mau gosto e até bizarro um homem, alegando seguir o exemplo de Cristo, sentir-se com a liberdade de disciplinar fisicamente a esposa por alguma ofensa! A posição de cabeça não dá ao marido o menor direito de disciplinar a esposa. A maravilha é saber que, no estado eterno, quando a Igreja, como esposa do Cordeiro, estiver livre de qualquer resquício de pecado e completamente purificada, o relacionamento do casal místico Cristo-Igreja atingirá o nível absoluto do matrimônio perfeito).

Enquanto estamos neste mundo, portanto, e aguardando a Jerusalém celestial, cada homem casado tenha em Cristo o modelo ideal de esposo. E, assim, ame a sua mulher, procure preservá-la santa, linda, sem ruga, sem qualquer feiura. Cuide da saúde, do físico, do espírito da sua esposa — de modo a presenteá-la para você próprio a cada dia em que estiverem juntos nesta vida. Ela não é esposa de mais ninguém na Terra. Ela é só sua! Como homem, você é o único que poderá usufruir totalmente das virtudes e do próprio corpo dela — com a beleza, delicadeza, feminilidade e sensualidade que lhe são próprias. E, com o prazer adicional de saber que assim imitará o que o Senhor Jesus, num nível muito mais elevado e espiritual, faz e fará com a noiva dele. Sim, Ele deseja, e irá apresentar Sua noiva pura e belíssima… para o usufruto de quem? Dele próprio!

Semelhantemente, você, esposa, deve ser submissa ao seu marido. Não, não importa se ele é difícil, rude, teimoso. Deus manda que você o ame e o respeite como cabeça e autoridade da maneira como a noiva (Igreja), guardadas as proporções, comporta-se com relação a Cristo. O fato de Cristo ser perfeito, e o marido, defeituoso, não desculpa a esposa da submissão ordenada. Agora, nesta vida cheia de pecados, doenças e desequilíbrios, poderá ocorrer situações em que será humanamente impossível a esposa conseguir ser submissa, apesar da sincera intenção. Porém, Deus, em sua infinita sabedoria, saberá reconhecer tais exceções.

Feliz do casal que humildemente se submete a Efésios 5:22-33, fazendo desse texto a lei suprema do seu casamento. Não conheço na Bíblia maneira mais prática e segura para usufruir de um casamento agradável a Deus.

Conclusão

Quero encerrar com um versículo abrangente que alcança todos as esferas da vida cristã. Depois, aplicarei para a questão específica das brigas de casais.

Digo, porém, o seguinte: vivam no Espírito e vocês jamais satisfarão os desejos da carne. Gálatas 5:16 NAA

Essa curta ordem envolve realidades tão profundas que talvez o mais iluminado dos crentes não conseguirá alcançar totalmente. Com o pouco que entendo, penso que viver (ou andar) no Espírito envolve *expor-se* à sabedoria do Espírito Santo de Deus, *implorar* por uma gotinha dessa sabedoria e decidir *aplicar* essa sabedoria em cada ação, cada gesto, cada pensamento, cada intenção — a cada dia!

Não se deixe iludir por métodos do tipo "dez (ou cem) passos para andar no Espírito". E "tudo em uma semana"! Simplesmente determine que um dos grandes alvos da sua vida será encher-se do Espírito Santo. Pense no Espírito Santo! Leia sobre o Espírito Santo! Ouça pregações e se acostume (melhor ainda, vicie-se!) em conversar sobre assuntos espirituais.

Um verbo crucial para um andar cristão maduro é **meditar**! Infelizmente, o que tem de importante tem também de ultrapassado. **Refletir** tornou-se uma noção estranha, quase inteiramente desconhecida para a geração atual. Pouquíssimos fazem isso hoje em dia. Tudo ficou muito rápido. O que não é imediato é lento. Trinta ou quarenta anos atrás, com uns três minutos e alguns chiados do modem, nós nos conectávamos maravilhados a um mundo que se abria, navegando numa novidade chamada Internet. Hoje, dez segundos de busca é uma eternidade.

Além da velocidade, a quantidade de informações disponíveis aumentou exponencialmente. E, como mágica, cada um tem a informação que deseja no clicar de um mouse. Ora, quem sentirá necessidade de meditar ou refletir num mundo desse?

Todavia, há uma terrível falácia em tudo isso. Receber informação não equivale a adquirir automaticamente conhecimento. Em qualquer área da atividade humana, o conhecimento útil depende da capacidade de *saber lidar* com as informações: cruzar, comparar, filtrar, arquivar e, claro, compreender o que está fazendo.

A área espiritual é ainda mais exigente, pois o objetivo está além do mero conhecimento racional. Após familiarizar-se com ensinos e doutrinas, ainda falta um elemento crucial: sabedoria *do alto* para aplicar esse conhecimento adquirido.

Sim, é necessário pedir sabedoria ao Espírito Santo. Contudo, é preciso considerar que o *modo* como o Espírito de Deus concede essa sabedoria é lento, em pequeninas doses, à medida que a alma do crente vai conseguindo absorver. E o que mais expand a capacidade de absorção é a meditação sobre as coisas *do alto* — a reflexão do que tem lido sobre Cristo, conversas silenciosas e perguntas retóricas a Deus, conclusões corajosas e humildes sobre a própria pessoa, súplicas de ajuda e muito, muito mais "atividades" realizadas em solidão e quietude.

O grande teólogo e escritor norte-americano Jonathan Edwards (1703-58) chamava tudo isso de "exercícios espirituais". E como ele se "exercitava"! Completamente só, montava em seu cavalo e se retirava por horas em campos e matas, atento a cada detalhe, pensando, meditando, orando. Depois, descia da sela e anotava tudo o que achava valer a pena registrar.

George Whitefield, evangelista inglês e considerado um dos maiores pregadores do cristianismo (1714-70), fez sete viagens de navio entre a Inglaterra e os Estados Unidos. Na época, cada uma durava de três a quatro meses! Nesse meio tempo, entre aulas e pregações aos passageiros, ele aproveitava para refletir e pensar nas coisas *do alto*.

Hoje, com tudo muito rápido, a noção dominante é que "ficar parado é perder tempo". E assim as recentes gerações de crentes, especialmente a atual, ficaram sem nem ideia do que significa reflexão pessoal, quieta, a sós e (sinto-me um homem das cavernas em dizer)… sem pressa!

Não existe sabedoria do Espírito Santo instantânea como leite em pó. Desconfie do autor que lhe promete uma verdadeira transformação espiritual enquanto você lê um livro ou assiste um vídeo dele. Especialmente se você deixar um like e clicar no sininho para receber mais doses da mais pura sabedoria divina. Isso é, no mínimo, arrogância e presunção! Sim, pode ser que o leitor ou ouvinte dele de fato seja edificado, mas, se, e somente se, o Espírito de Deus dignar-se utilizar aquele material independentemente (talvez seja melhor dizer *apesar*) do autor.

Não há atalho para andar no Espírito. O único método eficaz envolve a reserva de tempo suficiente para longas caminhadas com Cristo — só você e o Espírito Santo: ensinando, dirigindo, edificando, transmitindo-lhe *poder*, para não satisfazer os desejos da carne.

Quem acha isso uma perda de tempo é certo que sempre estará às voltas com fracassos, quedas, derrotas na vida cristã, inclusive no casamento!

Com absoluta segurança, podemos afirmar que o casal brigaria muito menos caso resolvesse concentrar-se mais nas coisas *do alto*, empregar todas as energias para tentar viver no Espírito. Marido e esposa teriam mais facilidade para agradar a Deus e resistir às investidas do diabo. Teriam os corações mais impermeáveis à entrada do fel pecaminoso que transmite impaciência e raiva do outro. E, quando as brigas viessem (e elas vêm!), o casal teria mais poder para enfrentá-las. E a paz voltaria mais rapidamente àquele lar, profundamente interessado em honrar a Cristo dia após dia.

A propósito, veja que passagem bonita que coloca a paz como um dos maravilhosos resultados da sabedoria espiritual:

Mas a sabedoria lá do alto é, primeiramente, pura; depois, pacífica, gentil, amigável, cheia de misericórdia e de bons frutos, imparcial, sem fingimento. Tiago 3:17 NAA

Quer paz dentro da sua casa? Procure sabedoria *do alto*. Quer sabedoria *do alto*? Medite nas coisas *do alto* — dia e noite.

Encerro este pequeno livro com um princípio básico de vida cristã:

Portanto, se vocês comem, ou bebem ou fazem qualquer outra coisa, façam tudo para a glória de Deus. 1 Coríntios 10:31 NAA

Bem poderíamos complementar: evitem brigas, para a glória de Deus!

De fato, é nobilíssimo para o casal considerar como mais um motivo para fugir das brigas o privilégio de honrarem a Deus com isso.

E, quando uma briga insistir em quebrar a harmonia, não seja por isso, mantenham o princípio: briguem, para a glória de Deus!

—Mas... eu posso brigar para a glória de Deus?

Claro! Foi exatamente por isso que escrevi este livro! Assumi como inevitável que, mesmo o casal não querendo e tentando evitar, desentendimentos vão chegar. E uma vez instalada, sugeri várias maneiras para que a briga se torne rápida, faça o menor estrago possível e ainda produza o crescimento do casal.

E é isso o que ocorrerá se marido e esposa, ao longo da discussão, entenderem que estão sob provação, desejarem o bem do outro, tentarem resistir ao diabo, pedirem ajuda a Deus e saírem da briga mais unidos do que entraram. É óbvio que Deus terá sido honrado nesse processo. Eles terão brigado para a glória de Deus!

O Sol serve para amolecer ou endurecer o que está sob sua luz e seu calor? Depende! Por exemplo, a cera, sob o Sol, derrete; porém o barro, endurece. Não permitam que o calor de uma briga desagregue a união do casal e ameace derreter a harmonia com o seu cônjuge. Ao contrário, procedam de modo que a energia de uma briga torne o relacionamento de vocês ainda mais firme, mais sólido. Para a glória de Deus!

Se você gostou desta leitura, compartilhe com outros!

- Presenteie alguém com um exemplar deste livro.
- Mencione-o em suas redes sociais.
- Escreva uma avaliação sobre ele em nosso site ou no site da loja onde você o adquiriu.
- Recomende este livro para a sua igreja, clube do livro ou para seus amigos.

Ministérios Pão Diário valoriza as opiniões e perspectivas de nossos leitores. Seu *feedback* é muito importante para aprimorarmos a experiência de leitura que nossos produtos proporcionam a você.

Conecte-se conosco:

Instagram: paodiariooficial
Facebook: paodiariooficial
YouTube: @paodiariobrasil
Site: www.paodiario.org

Ministérios Pão Diário
Caixa Postal 9740
82620-981 Curitiba/PR

Tel.: (41) 3257-4028
WhatsApp: (41) 99812-0007
E-mail: vendas@paodiario.org

Escaneie o QR Code e conheça todos os outros materiais disponíveis em nosso site:

publicacoespaodiario.com.br